Greengrocer's Guide:
Best Season
and
Easy Recipes

八百屋の野菜採集記

「見る・知る・食べる」で
楽しむ旬野菜とレシピ

イエローページセタガヤ店主
尾辻あやの

大和書房

イエローページセタガヤ　2
Yellow Page Setagaya

イエローページセタガヤ

イエローページセタガヤ、うちの店の名前だ。変わっているのは重々承知である。昼は八百屋、夜は居酒屋になるのだが、どちらにも寄らない名前にしたかった。やりたかったのは「何かに出会う、つながる」そんな場所。だから、電話帳のイエローページから名付けた。聞こえはいいけれど、店は小さく、扱う野菜もスーパーに比べれば限られ、飲み屋の営業のため夕方には閉まる。一般的にはかなり不便な八百屋だ。

でも、うちの店には人の心を動かす、いい野菜たちが集まる。当たり前のものから、珍しいものまで、有機栽培や特別栽培が中心の、全国のその旬の美味しいものたち。農家さん全員と直接やりとりをし、自分たちが「これだ」と思ったものだけを集める。最高の作り手の最高の作品たち。そう、うちは野菜のセレクトショップ。信じていないものは、一切置かない。あなたと未だ見ぬ素晴らしい野菜たちをちゃんとつなぐ、イエローページであるために。

はじめに

子どもの頃、みんな何かを純粋に集めたことがあるはずだ。蝶々、道の石ころ、どんぐりを拾い、その後どうしなきゃいけないか、なんて考えない。世の中でどれくらいの価値があるかも、関係ない。ただ、心惹かれたから、集めるのだ。

うちの八百屋はそんなどんぐり集めの延長線上にできた。見た目のかわいさから、形の面白さ、知らない野菜、面白そうな農家さん、お客さんの要望、その理由は様々だった。新しいものを一つ仕入れたら、写真を撮ったり、半分に切ってみたり、いろんな方法で食べてみた。野菜を集めていろんなところに行ったり、いろんな人に会ったりした。まるでポケモンをコレクションするように。

その野菜たちを本にすることとなり、思い出したのがファーブル昆虫記だった。全てを正確に網羅して何かを教えるための本、ではない。ファーブルの「純粋に興味に向かう」その気持ちが人の心を打つ。私もこうありたい、と思うのだ。その人の視点を通して「その気持ち」を思い出す本。そんな本にしたいと思った。

「野菜」に触れる時、人はどうしてもいろんなことを考えてしまう。使いきれるか、うまく料理できるか、健康に家計、生活に密着している。野菜だけじゃない。私たちには考えておくべきことが多すぎて、いろんな「しなきゃいけないこと」と共に暮らしている。だけど、たまには、ただ「面白そうだから」という理由だけで何かしたっていい。

野菜たちはそれを試すのに、一番簡単で身近な存在だ。使い道なんて、知っていても知らなくてもいい。失敗しても大したことない。上手でなくてもいい。花を置くように、ただキッチンに並べ眺めてもいい。野菜の楽しみ方は、思ったより簡単で、思っているよりたくさんある。３００円くらいで叶う、小さな小さな冒険。でもそれらが日常にもたらしてくれるものは、それ以上かもしれない。

これは私の野菜採集記だ。私の見て、知って、食べた野菜の記録とその記憶たち。本書を通して思い出してくれたら、嬉しい。何か知らないものに手を伸ばすワクワクを。何か発見するその喜びを。そしてそのきっかけに野菜がなるのなら、とても喜ばしいことである。

冷蔵庫はクローゼット——この本のレシピについて

この本にレシピを掲載することになり、少し困ってしまった。私は料理研究家でもシェフでもなければ、誰かの心を支えるような「お袋の味」も持っていない。しかし、そこそこ美味しく野菜を食べている。そもそも、美味しい料理とはなんなのか、まずはそこから考えてみることにした。

一つ目は、「技術」。これがある人はどんな状態のどんな素材でも、ある程度以上の味にできる。努力と興味の持続、経験、センス、料理を愛している（もしくは愛されている）人。私は残念ながら、今世はこの人たちではない。そして二つ目は「素材」。いいお肉、いい野菜、いい魚、何もしなくても美味しい。これはお金や環境（海が近いとか、畑を持っているとか）で誰でもクリアできる。

そして三つ目が「組み合わせ」だ。どんなに素材が良くても、組み合わせ次第で残念な味になることもあれば、シンプルな料理でも十分美味しいものもある。これは何かに似ている。そうだ、洋服の着こなしである。

有名ブランドや流行りものをたっぷり着ても、ちっともおしゃれじゃない人。反対にジーパンに白いＴシャツだけで素敵な人。誰しもが会ったことがあるだろう。もちろん、とんでもない柄やびっくりするような着こなしでかっこいい人もいる。これは、いわばアンコウとバジルを上手に料理してしまう料理人だ。

とはいえ、誰しもしまっておきたいファッション黒歴史があるように、料理も多少の失敗はある。だんだんわかっていく。こんな天気にはさらっとシャツを、黒一色に差し色に赤い鞄を、夜は肌寒いからスウェットを。そう、大切なのは「季節と組み合わせ」だ。私の料理のほとんどは、そんな風に作られている。人よりおしゃれだ！　と言う意味ではなく、野菜においては人よりそれを試す機会が多かったのだ。

この本の料理は、レシピと呼ぶのはこそばゆい、私が試してみた組み合わせの、季節ごとのコーディネート記録のようなものである。分量は示してあるが、多少ずれても、素材を変えてもいい。料理の技術が上達するものはないけれど、誰でも試せるものばかりだ。雑誌をぼんやり見るように、明日何着ようかな、ああ、あのＴシャツ久々に着ちゃおうかな、そんな気持ちで作ってみて欲しい。

目次

春

RECIPE

Column 1

夏

RECIPE

Column 2

秋

冬

春

HELLO!

はじめまして、の野菜たち

出会いの季節、春。八百屋を始めて最初に出会った「知らない野菜」がこのキャベツだった。手のひらサイズの、雫のような、巻貝のような形。これはなんなのだろう、まるで未知の生き物との出会い。ああ、なんて楽しいのか！　これからも続くであろう未だ見ぬ野菜との出会い、その予感に心が躍った。

「見た目でもいい、味でもいい、人が思わず集めたくなる野菜」そんなものだけを扱おうと、その時心に決めた。今も春が来る度「わぁ、初めて見ました！」と、このキャベツは通りかかる人たちの足を止め続け、私に質問を投げかける。初めて見た時の、あの時

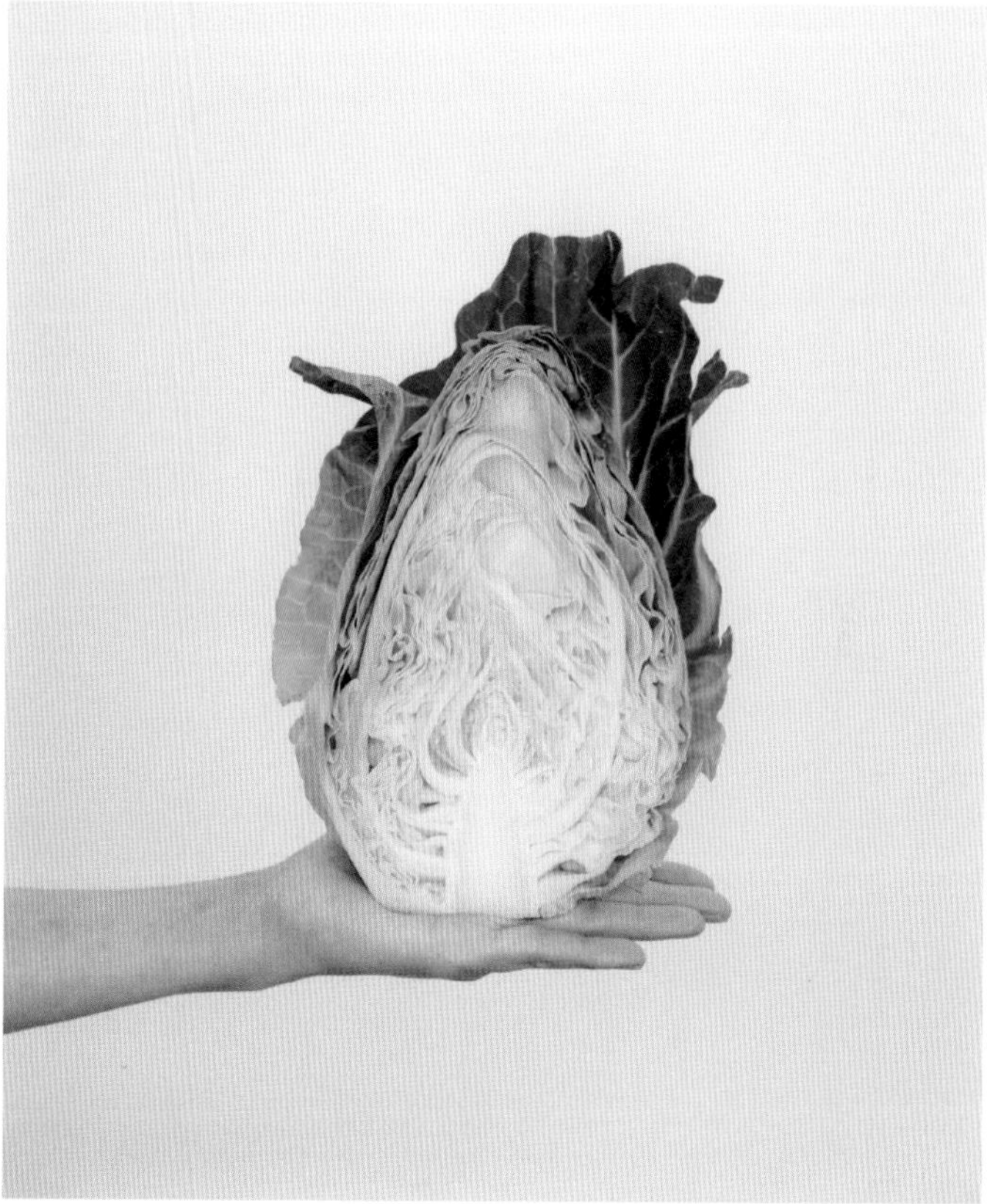

の気持ち、失っていませんか？と。美味しく美しいこのキャベツは、私にとっての記念碑であり、コンセプトであり、大事なコレクションの最初のピースなのだ。

小型の万能キャベツ

巻きがふんわりとして、食感も柔らかく甘みがあり、春キャベツに近いが秋も収穫可能。生食も向いているが、蒸しても、煮てもよし。くし切りにしてグリルにしてもよい。形も小さく一人暮らしの人にもおすすめだ。

「美味しそう！」はだいたい正しい

好きな野菜TOP5に入るほど好きなかぶ。中でも旬のかぶは瑞々しくて最高だ。いいかぶはすぐにわかる。身はほどほどに大きく、皮は薄い。実に包丁を入れればピタッとくっつき、断面から水が溢れんばかり。そして茎の部分はスジがなく、濃すぎず薄すぎず、キレイな緑色なのだ。旬の美味しい野菜はストレスがないのだろうか、実に生き生きしている。巷にはいろんな野菜の選び方が溢れているが、長年の経験がなくても、目利きじゃなくてもなんとなくわかる。「キレイだな」とか「美味しそうだな」、その自分の直感を信じよう。だいたいそれが、概ね正しい。

葉を食べてこそ、のかぶ

かぶの葉は実は万能青菜。小松菜やほうれん草ほど甘くなく、中華系の青菜ほどクセもなく、主張しすぎないのがちょうどいい。オイスターソース炒めや魚介の酒蒸し、混ぜご飯、お味噌汁にもぴったりだ。そのためにはなるべくスジの太くないものを選ぼう。

生、蒸し、焼き、お好みで

何をしても美味しいかぶ。水分量が高いものは生食か浅漬けで。焦げ目をつけてグリルなら香ばしさと甘みが増し、蒸せばとろとろとほんわり甘い。調理法が変わるだけで、食味がぐっと変わる。ほとんどの調理は皮付きのままで問題ない。

日焼けアスパラと美白アスパラ

緑と白アスパラ、全く違う色だけど実は同じもの。グリーンを全く日に当てずに作った「美白アスパラ」が白アスパラ。日本での歴史は比較的浅く、明治時代に欧米に輸出するための白アスパラ栽培からスタートしたとか（グリーンが主流になったのは昭和40年代）。まだ日本に来て間もない野菜なのである。しかし、国産アスパラの美味しいことといったらない。一年中出回るけれど、旬の時期以外は大抵が外国産。旬のアスパラは甘く瑞々しく、綺麗な緑色。けれどその甘みも日が経つと抜けていってしまう。だからとにかくアスパラは国産一択。春から秋のうちに思う存分楽しもう。

茹ですぎ厳禁！　食感が命！

アスパラの茹ですぎほど残念なことはない。たっぷりのお湯に入れ、箸で中心を押し、曲がるようになったら、もう中心まで火が通っている証拠。十分に柔らかければ水で冷やそう。まだ固ければまた湯に戻せば良い。茹ですぎたら戻れないのでとにかく固めに。

面倒くさいけど、美味しい白

白は基本的に下茹で必須。半分から下をピーラーでむき、カットせず大きなフライパンで茹でる。だしがでるのでむいた皮も入れ、レモン汁と塩も入れる。冷まして煮汁と一緒に保存すれば２～３日持つ。煮汁はいいだしがでているのでスープやパスタソースにも。

花を咲かせて、食べてみたい

「飾る花」もいいけれど、忘れた頃に咲いたネギ坊主とか「生きていたら咲いちゃった」みたいな花に心惹かれてしまう。ついつい余ったさつまいもやら人参の頭やらを、お猪口やロックグラスに活けていくもので、周りに大層迷惑がられる。

「菜」とはアブラナ科の植物のこと。小松菜やカーボロネロなどアブラナ科の野菜が咲けば全て「菜の花」となる。よく見る「菜花」（P164掲載）はそのうちの採取油用に改良された一品種だ。味はそれぞれの野菜の味がちゃんとするのに、花のおかげで食感が独特だ。

　八百屋を始めていろんな「食べる花」に出会って驚いた。あの野菜も、この野菜も咲くのか。植物なのだから当然咲くのだけれど、いわゆる「菜花」以外の食用花にはスーパーではまず出会えない。滅多にお目にかかれないので、見つけたらぜひ食べてみてほしい。

　これらに毎年お目にかかれるなんて八百屋冥利につきる。このかわいい野菜たちが、私の願望を叶えてくれる。これはれっきとした野菜、商品だ。おかげさまで嫌な顔されることもなく、花を飾って、食べている。

春の祭典まめまめ天国

日本人ほど豆を食べている国があるのだろうか。お豆腐に納豆に味噌、あずきにきな粉、発酵食品から乾燥や水煮缶まで、毎日のように食べている豆の加工品たち。だけど、春になってようやく出会える青い生の豆は別物。なんてったってサヤも食べられる。シャキシャキ、プリプリ、ホクホクと、様々な食感を大集合させられるのはこの時期だけ。分量も種類も大きさも関係ない、冷蔵庫に余ったいろんな豆をいっぱい集めて、豆パラダイスを味わおう。そういえば、世界一豆を食べている国民は、実は我々ではなく台湾の人らしいのだけれど。

スジは茹でてからが新定番

豆の下処理といえば茹でる前が定番だが、茹でた後の方がスジが取りやすい。また余計な隙間がないことで、少々雑に茹でても水っぽくならないので初心者こそおすすめ。スナップエンドウと絹さやは両側面のスジを、最近のインゲンはスジがほぼないので上下だけで OK。

お手軽、皮ごとグリル

茹ですぎるとせっかくの食感が台無しになってしまうそら豆。何より面倒くさい、すぐ食べたい、そんな方には素焼きがおすすめ。フライパンは片面 5 〜 8 分、トースターは 10 〜 15 分素焼き。ホクホクの豆を熱々！　と言いながら皮をむき、塩を振ったらもう完成。

マイナー葉物はすぐ確保

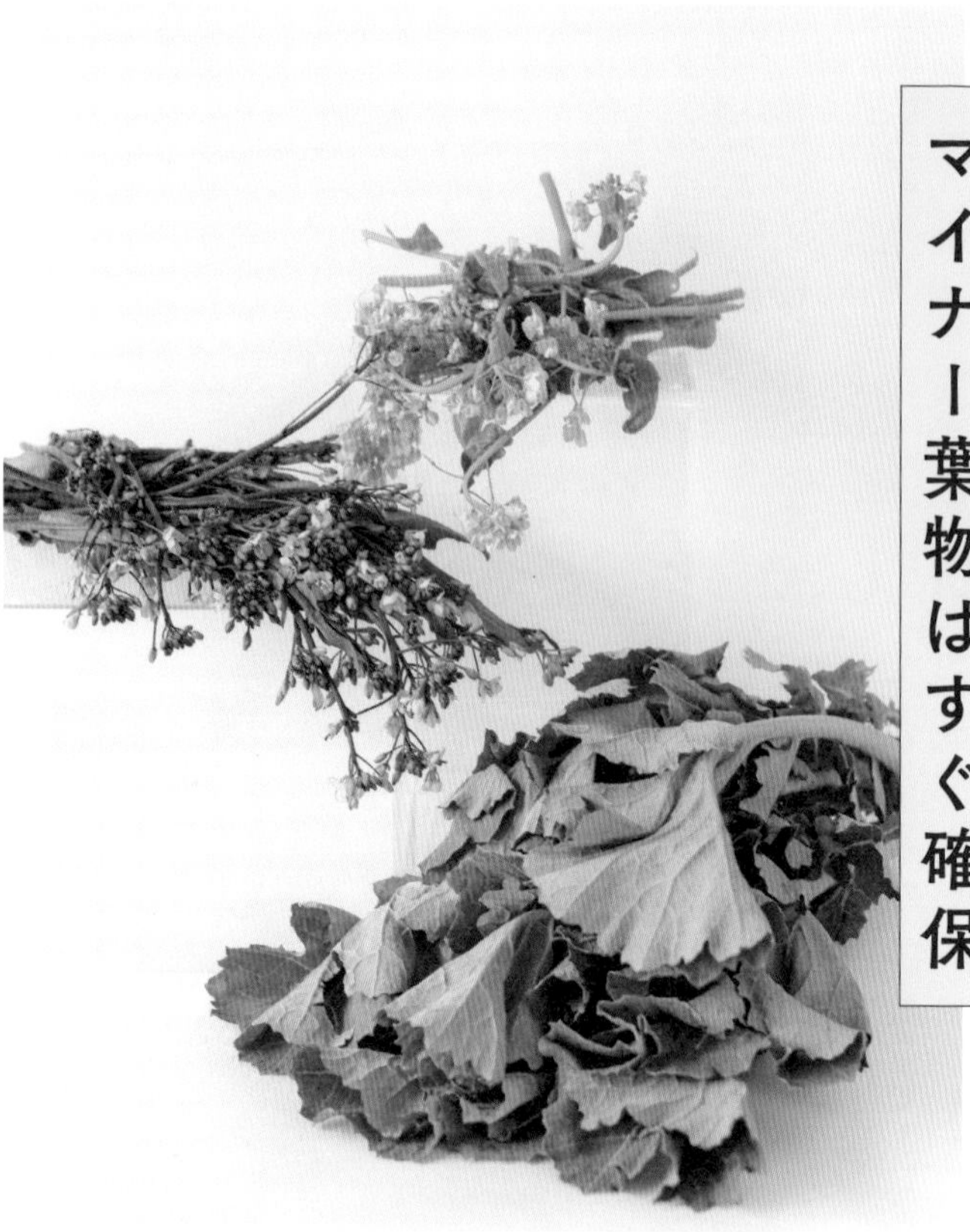

3月頃になると現れるマイナーなアブラナ科葉物たち。その中でも、八百屋を始めてから知ったお気に入りが、アスパラ菜、紅菜《こうさい》苔《たい》、のらぼう菜だ。固そうに見えるが茎はほんのり甘くアスパラのよう。その他にものらぼう菜とほぼ同じ味と見た目のかき菜もあれば、アスパラ菜のことを摘み菜やオータムポエムと呼ぶこともあり、その地方や農家さんによっていろんな名前で出没する。

とにかく、基本的にはこの季節限定なのは間違いない。年間を通して生産量が少ないうえ旬も短いので、見つけたら即買い占めている。逃せば来年、チャンスを逃すまい。

茹でるのは一瞬で

見た目によらず瑞々しいので短時間で茹でるのが鉄則。茹ですぎるとずるっとし、せっかくの茎の食感が台無しに。熱湯に茎から入れ、全体が沈んだらすぐに取り出し、すぐに水で冷やそう。おひたしにすればほうれん草などにはない食感とクセが楽しめる。

炒めるなら一番最後に

茎がしっかりしているので、炒め物やパスタの具にも向いている。アスパラ菜と紅菜苔は鮮度がよければ生でも食べられるほどなので、茹でる際と同じく炒めすぎは厳禁。他のものを炒めてから最後に入れてサッと火を通して仕上げよう。花ももちろん食べられる。

王様のメロンと庶民のきのこ

昔々あるところに天才的な庭師がいました。庭師は王様の食べたいものをなんでも作ることができました。と、絵本のような本当の話。17世紀フランス、太陽王ルイ14世の庭師の話だ。ヴェルサイユ宮殿には様々な花や野菜を育てる菜園があり、マッシュルームもそこで栽培方法が発見された。その後の人工栽培に一役かったのが、なんとメロン。南欧原産のメロンは暖かくないと育たない。そのため馬糞肥を使った温床栽培をしていたところ、マッシュルームが自然発生したそうだ。そしてナポレオン一世の時代に大規模栽培が始まり、世界一食べられているきのことなったのだった。ちなみにル

イ14世はメロンも大好物で、やはりその庭師がウリ科の植物を改良して確立したのだそうだ。王様の贅沢が庶民の味を作ったのだ。めでたしめでたし。

生？　ソテー？　２色を使い分け

どちらの色も生でも焼いても美味しいけれど、柔らかでまろやかな味の白はスライスしてサラダにするか、料理の最後にトッピングのように使って。ぷりぷりでジューシー、よりキノコ味が増す茶色はソテーや揚げ物がおすすめだ。

はちみつセロリは母の味

子どもの頃に食べた料理の記憶があまりない。数え切れないほどあるはずだが覚えているのは数個と申し訳なくなる。その中の一つが「はちみつセロリ」だ。セロリにはちみつ？　と恐る恐るタッパーからつまみ、結局ペロリと食べてしまったのを鮮明に覚えている。小学生、放課後のおやつ時だった。セロリの定番料理だと思っていたのに、他の家は違うと知って驚いた。

最近母にこの話をしたら、そうだっけ？　と覚えていなかった。共に過ごせど記憶は時にすれ違う。けれどその味は今も私の中にある。甘くてちょっとほろ苦い、はちみつセロリは母の味。

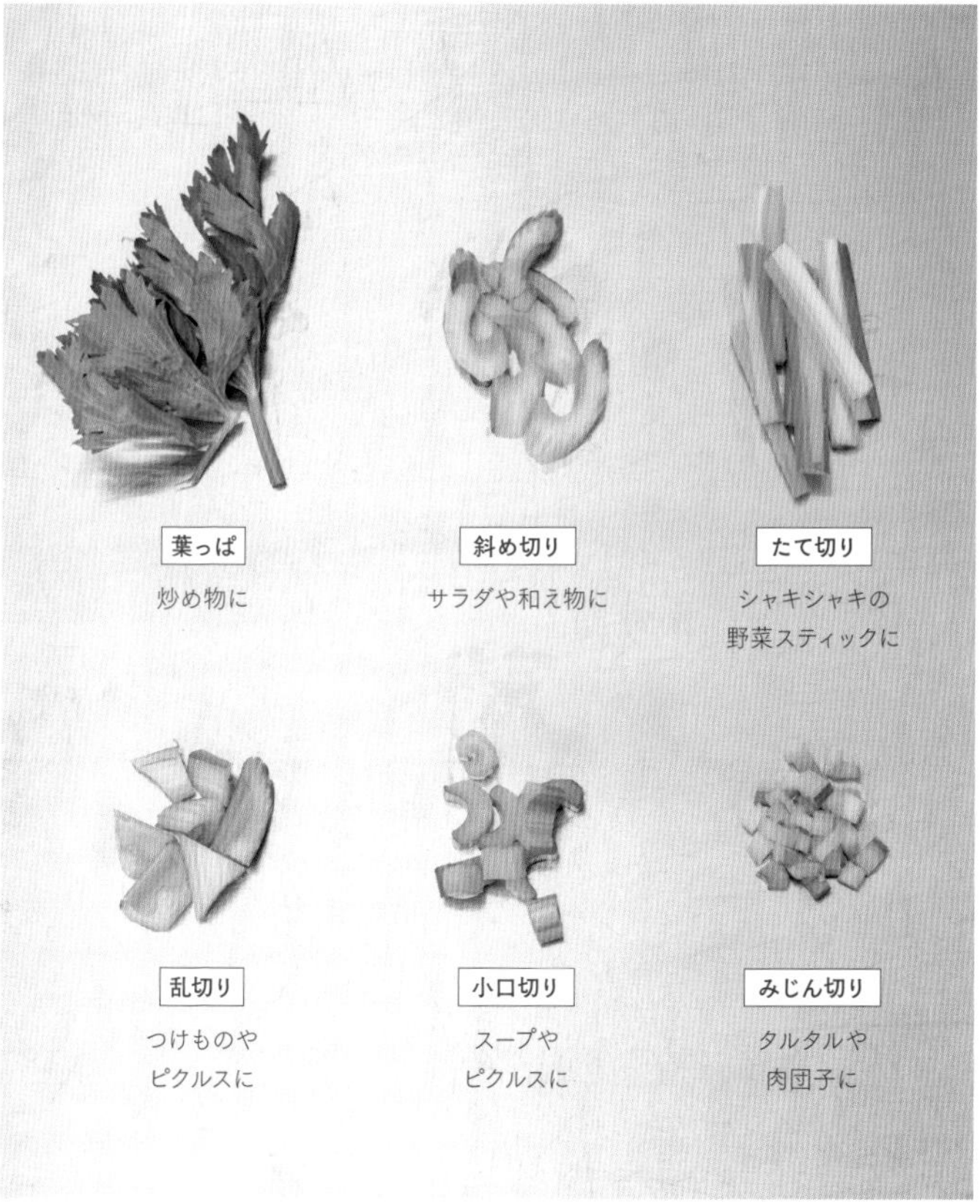

切り方で変わる。セロリ六変化

切り方によってセロリの食感と香りの出方が大きく変わる。下処理として、まず根元の固い部分を切り落とし、包丁やピーラーで茎のスジをむこう。繊維にそって縦に切れば、シャキシャキした食感になる。繊維を断ち切るように斜め切りにすると柔らかくなる。小口切りでスープや、細かく刻んで薬味的に使う場合はスジをむかなくてもOKだ。

はちみつセロリの簡単なつくり方

セロリをお好みのサイズに切り、はちみつとレモンをかけ冷蔵庫で1時間ほど寝かせるだけ。少しだけ塩を振ると甘さが際立ち食べやすい。

ヒゲを捨てるなら、食べてないも同然

ヤングコーンと聞いて何を思い出しますか。もし「あの水煮のね」とか「五目中華のあんかけの」ならば、もはや私の中では「ヤングコーンを食べたことがない人」に分類されてしまいます。なぜなら、本当にその良さを知っていれば「あぁ、あのヒゲの甘みがね！」となるに決まっているから。ヒゲを捨てる？　とんでもない。ちゅるっとして柔らかな独特の食感、ほんのり甘く、焼けばとろとろ揚げればサクサク。他の野菜には例えられないほど美味しい。そして一年に一回の短い旬が私の買い占めたい魂に火をつける。さあ、あなたも真のヤングコーン体験を。

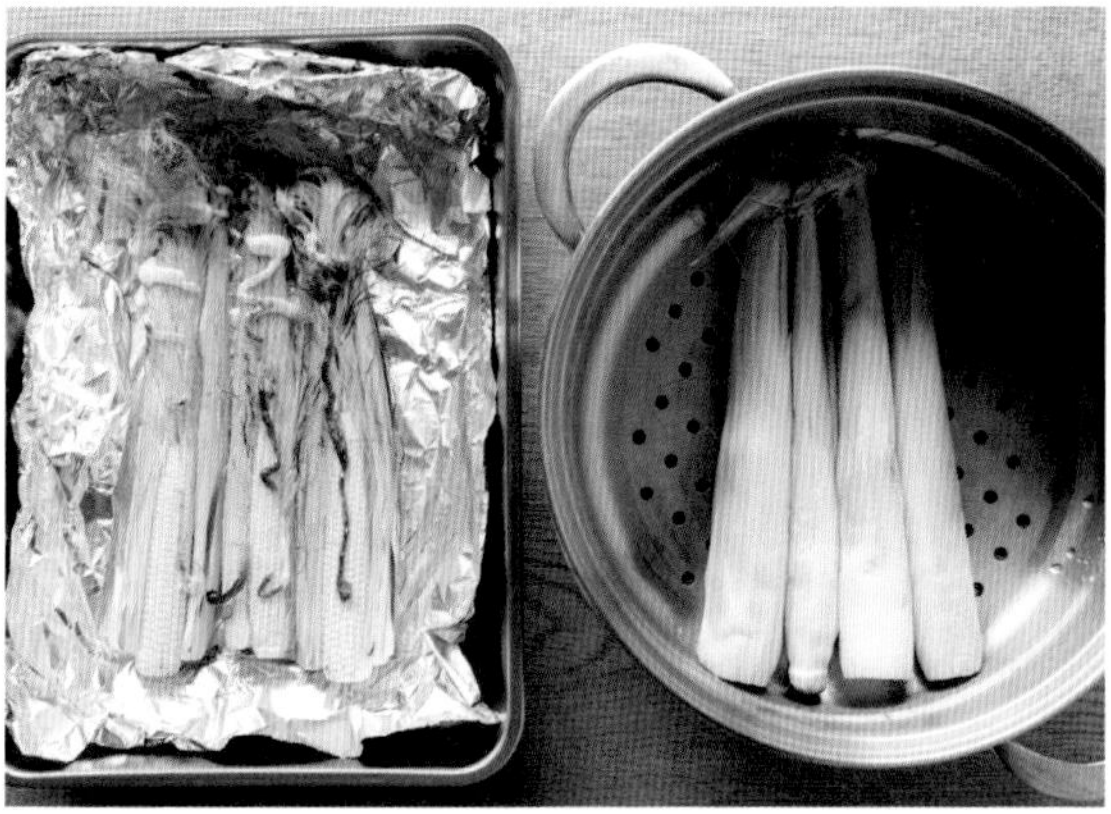

初心者向けの焼く&蒸す

他の作業をしている間に簡単に完成。焼く場合、トースターなら10～15分、魚焼きグリルは直火が当たりすぎないよう気をつけよう。蒸し器なら10分ほど、レンジならラップをし3分ほどで完成。どちらも皮付きのままの方が、ヒゲが落ちないので作業が簡単。

上級者向けの揚げ物

手間はかかるが、ヤングコーンが本領を発揮する揚げ物。ヒゲを実に巻いて天ぷらにすれば、巻いたヒゲがサクサクとまるで中華の燕の巣のよう。春巻きはヤングコーンだけでも美味しいが、一緒にエビやアスパラなどを巻くのもおすすめだ。

根っこ、どうするか問題

立派な根が付いた野菜が入荷すると、ついテンションが上がってしまうのだが、それはお客さんも一緒のようだ。根付きのパクチーが入荷する度、「すごい立派ね！」とたくさんの人が足を止める。根を張る、根付く、根気強い、根に対する共通のイメージがそこにはある。そう、根っこは「ちゃんと生きている」ことの証なのだ。そして太い根っこは水耕栽培ではなく、土で育った証でもある。だから立派な根が付いているだけで、美味しそうに見えるのだ。しかし同時に必ず聞かれる「で、根っこどうします？」。お願いだから捨てないでほしい。根には美味しさが詰まっている。

パクチーの根は香辛料

料理の香りづけに欠かせない、にんにくのみじん切り。パクチーの根も同じようにじっくり炒めれば香りが広がり旨味が増す。太めの根がたくさんあるなら、素揚げもおすすめだ。ちなみにパクチーの根は生で食べるとほんのり甘みがあってユリ根のようだ。

芹の根っこはだしの素

まだ肌寒い春のはじめは芹鍋が食べたくなる。水で洗って土を落とし、軽くほぐしてから昆布と一緒に根っこでだしをとる。鰹や鶏ガラでは出せない、優しくふんわりとした旨味が広がる。根は一緒に食べてもいいし、きんぴらにしてもいい。

待ってましたの新〇〇

じゃが玉人参にんにくにごぼう。一年中どこでも買える、基本の野菜たち。でも「新」がつく春のひとときは、いつもの顔ぶれがちょっと特別になる。新物野菜とはその春の一番に収穫したものや、乾燥や貯蔵をせずに出荷されたものを指す。品種としてはいつものと同じ。つまりラムとマトンみたいなものだ。とれたてだから、甘く柔らかく瑞々しく、アクやエグ味も少ない。だから、新玉なら泣かずにスライスできてしまうのだ。新玉を触った時の頼りない触感、薄い皮の向こうの透明感、毎年見ているはずなのに、毎度感動してしまう。生まれたてのその尊さに。

種は国家の財産なり

見た目はかぼちゃ、でも中身はウリに近い新しい野菜コリンキー、別名サラダかぼちゃ。ホクホク感が全くなく、煮物には向かないためスライスしてサラダや漬物にするのが良い。こう書くと外国産のようだが、実はオーストラリアと日本のかぼちゃを掛け合わせ２００２年にできた日本の品種だ。

こちらの種は海外への持ち出し禁止。たかがかぼちゃで？　いやいや、この新しい野菜を作るのに膨大な時間やコストがかかっている。日本のハイクオリティな果物や野菜の種、手のひらの上の小さなこの粒は、貴重な日本国の財産なのだ。

脇役じゃない、主役級の実力者です

「私たちのこと、脇役って思っていますよね？」もしクレソンとパセリが喋れたならば、きっとそう言いたいだろう。それくらい、彼らはいつもぞんざいに扱われている。メインの立派な肉や魚の皿の端っこにポンと添えられ、ひどい時はそのままポイっとされてしまったりする。

　だから今日、私が彼らの名誉を回復しよう。香り、食感、栄養、どれをとっても他の野菜に引けをとらず、個性があるのに他の食材を引き立てる。つまり主役をこなしながら、名バイプレイヤーにもなれる、オールマイティな実力者なのです。

刻んで生で、たくさん食べる

プチプチとしたその食感、ふわっと広がるその香り、刻んで入れるだけで料理を違うものに変えてくれる。サラダや混ぜご飯の時、いつもの野菜の代わりにしてみよう。コツはビビらずに、思い切ってたくさん入れること。

旨味を引き出す、調味料として

餃子といえばネギだけれど、パセリとクレソンに置き換えればいつもと違う雰囲気に。ラム、豚、牛、鶏にクミンやナンプラー、いろんな組み合わせが楽しめる。つけダレもレモンや柚子胡椒、岩塩など無限のアレンジが可能だ。（餃子のレシピはp 50 へ）

所変わればヌタ変わる

うちの店は、夜は飲み屋もやっているのだが、春になると大人気なのが「ホタルイカと葉玉ねぎのヌタ」。メニューにあるとほとんどの人が頼む。実はヌタとは「酢味噌で和えること」を言うのだそうで、中身は葉玉ねぎ以外にもなんでもいいそうだ。一般的なイメージはネギのようなものを酢味噌で和えたものだろう。高知以外は。そう。高知での「ヌタ」は葉にんにくを粗く刻んで酢味噌で和えた調味料を指す。所変われば品が変わってしまう。

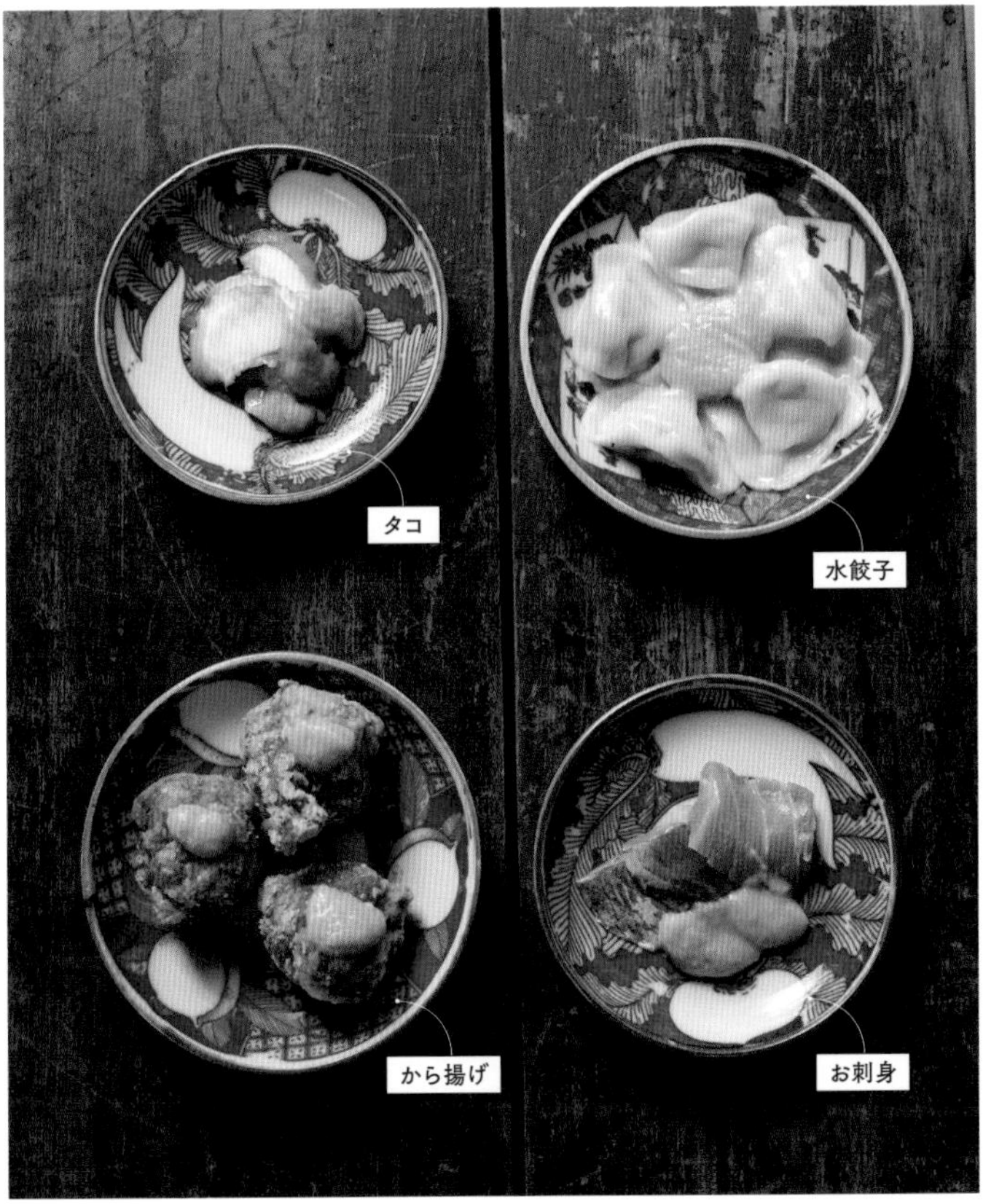

高知県では鰤《ぶり》の刺身にはヌタが必須。それ以外もいろんな時に使うらしい。確かに本当に美味しくて、何にでもかけたくなる最高の調味料なのだ。にんにくほどキツくなく爽やか、でもしっかり食欲をそそる。ちなみに葉にんにくは中国ではスープや炒め物に欠かせないそうで、中国出身の知り合いが日本で初めて見た！ と喜んでいた。葉にんにくは高知県以外ほとんど作っておらず、日持ちしないのであまり出回らないが、最近は調味料としての瓶詰めのヌタも見かけるようになった。もし生の葉にんにくを見かけたらぜひ買ってみてほしい。

香りのマジックを閉じ込めろっ！

「香りは記憶や体験を一瞬で呼び起こす、だから僕らは香水みたいな建築を作りたいんだ」昔大学の授業で読んだ、大好きな建築家の本の中の忘れられない一節。確かにそうだ。香りが持つ力はすごい。否が応でも脳内の「何か」の引き出しを開けてしまう。ハーブもそうだ。その香りに包まれるだけで、まだ一口も食べていなくっても「美味しい体験」をくれる。美味しい予感をいつも纏っている、だから好きなのだ。特に初夏のハーブのその力は絶大だ。だがしかし、その香りの有効期限はとても短い。ということで、旬のハーブを香りごと閉じ込める作戦、開始。

瓶に閉じ込め作戦

オリーブオイルやお酢にハーブを漬け、お酢は1週間、オイルは2週間ほど待てば完成。オイルはパスタやお肉料理に、お酢はマリネやサラダのドレッシングになる。水分が大敵なので作る時は水気をよく取り、材料がオイルや酢からはみ出さないようにしよう。

乳製品に閉じ込め作戦

バターやクリームチーズなどに刻んだハーブを混ぜるだけ。パンに塗ったり、魚のソテーにも合う。イタリアンパセリやディルなど柔らかいハーブがおすすめだ。冷蔵で一週間ほど持つ。それ以上保存したい場合はラップでしっかり巻けば冷凍可能だ。

春野菜の保存と おすすめ調味料

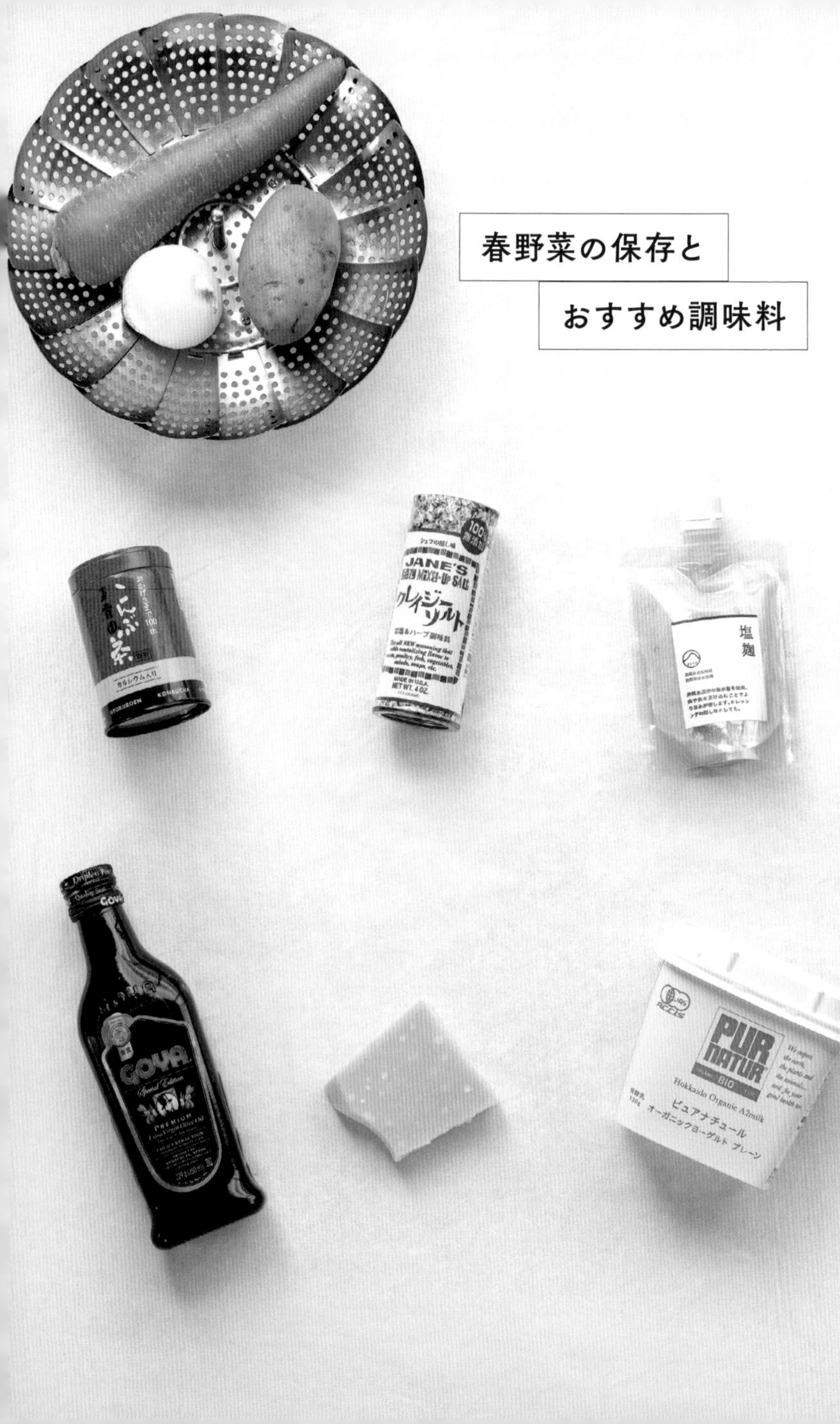

春野菜は水分が多く、柔らかく火通りがいいので、サッと食べられる蒸し器が大活躍。同じ根菜でも秋冬に比べ傷みやすいので、冷蔵庫で保存しよう。素材のふんわりした味を大切にしたいから、後からかけたり、混ぜたり、最後に味付けできるような調味料が使いやすい。

1	2	3
4	5	6

1. こんぶ茶

和え物やパスタ、浅漬けやドレッシングなど、味付けが物足りない時の隠し味に。鰹だしや鶏ガラより爽やかな旨味で、春にピッタリ。顆粒ですぐ溶けるので、料理の最後にちょっと足せて重宝する。

2. ハーブソルト

瑞々しい春野菜は、とにかくまずシンプルにグリル＆ハーブ塩からスタート。ハーブの香りが野菜本来の旨味を引き出してくれる。スパイスや塩の種類も様々なのでお気に入りを見つけてみよう。

3. 塩麹

肉や魚につけるのはもちろんだが、野菜のソースにもピッタリ。麹の旨味や甘み、その複雑でリッチな味が料理に深みを与えてくれる。そのままつけてもいいし、炒め物の隠し味におすすめ。

4. オリーブオイル

こだわりのオイルは香りが高く、味もまろやか。最後に一振りするだけで、いつもの一皿をグレードアップ。加熱するとせっかくの香りが飛んでしまうので、最後に香りづけで振りかけるのがいい。

5. ハードタイプチーズ

パルミジャーノやチェダーなど、半年以上熟成したハードチーズは一つ置いておくと便利。熟成期間が長い分、香りも甘みも高い。とろけるためのチーズではなく、旨味を出すための調味料のような存在。

6. ヨーグルト

朝ご飯やスムージーに使った残りを野菜のソースに変身。ハーブソルトや塩麹などの塩分、にんにくのすりおろしやマヨネーズを足したりと、とろみのあるソースを作りたい時に大活躍する。

豆天国サラダ

RECIPE

1- スナップエンドウはスジをとり除き、そら豆は中身を出し薄皮をむく。ベーコンは5mm幅に刻む。

2- 豆を一種類ずつ食感が残る程度にさっと茹でる。茹でた豆をそれ以上火が入らない様に水で冷やしザルにあげて水を切る。

3- スナップエンドウとインゲンを2cm幅に刻む。そら豆と絹さやを半分に割る。マッシュルームはスライスに。

4- フライパンにオリーブオイルを入れ、ベーコンが少し縮むまで焦げない様に弱火で炒める。

5- ボウルに**3**と雑穀を入れ、ベーコンを油ごと一緒にかける。レモンを絞り、塩と黒胡椒を振って混ぜ合わせる。

材料　2人分

スナップエンドウ --- 100g
インゲン --- 100g
そら豆 --- 4粒
絹さや --- 3枚
ベーコン --- 2枚（35g）
マッシュルーム --- 5個
雑穀（茹でたもの） --- 60g
オリーブオイル --- 大さじ2
レモン --- 1/8カット
塩 --- 適量
黒胡椒 --- 適量

POINT

使う豆はなんでもOK。食感が残っている方が美味しいので、いつもより固めに茹でよう。

柔らか春野菜の和風パスタ

RECIPE

1- 鍋に水を入れて沸騰させ、塩（分量外）を加えパスタを茹でる（表記の茹で時間より1分早くザルにあげる）

2- にんにくを薄切りにしオリーブオイルで炒め、香りが立ってきたらひき肉を加え塩をふたつまみ入れる。色が変わったら、1口大に切ったキャベツを入れる。

3- **2**にパスタの茹で汁200㎖、**調味料A**を入れ、一煮立ちさせたら火を止める。

4- 茹で上がったパスタの水を切り、すぐに**3**に入れ中火でキャベツが少ししんなりするまで1分ほど混ぜ合わせ、最後に黒胡椒を振る。

材料　2人分

にんにく --- 1片
キャベツ --- 150g
合挽きor牛ひき肉 --- 100g
パスタ（1.6㎜） --- 200g
オリーブオイル --- 大さじ1と½
塩 --- 2つまみ

調味料A

和風顆粒だし --- 10g
醤油 --- 大さじ1と½
鷹の爪 --- 1本

黒胡椒 --- 適量

POINT

菜の花、アスパラ、かぶの葉など、柔らかな春の緑の野菜ならなんでもOK。小松菜やほうれん草はずるっとするのであまり向かない。

パセリライス

RECIPE

1- ベーコンは5㎜幅に、にんにくはみじん切りにする。パセリは香りがでるまでなるべく細かく刻む。

2- フライパンにオリーブオイルを熱し、にんにくを香りがでるまで弱火で炒めたら、ベーコンを入れ少し縮むまで炒める。

3- バターを入れ、溶けたら冷やご飯を入れる。バラバラになるまで炒めたら、ハーブソルトで味付けをする。

4- 火を止め刻んだパセリを混ぜ、レモンを搾る。

材料　2人分

パセリ --- 4本（30g）
ベーコン --- 4枚
冷やご飯 ---
　お茶碗多めの2杯
にんにく --- 2片
バター --- 16g
ハーブソルト --- 適量
オリーブオイル --- 大さじ2
レモン --- ¼カット

POINT

バターだけだと焦げやすいので、最初はオリーブオイルのみでにんにくとベーコンの香りをだす。パセリの代わりに、イタリアンパセリや青しそ、パクチーなどのアレンジもおすすめ。

春野菜グリル　塩麹ソース

RECIPE

1- 人参、ごぼうは2㎝幅程度に縦長に切り、かぶは2㎝幅に輪切り、キャベツはくし切りにする。ごぼうは2分ほど水にさらしアクを抜いておく。

2- フライパンに油を熱し、中火でごぼうと人参を少ししんなりするまで焼いたら、かぶとキャベツを入れ両面に焦げ目が着くまで焼く。

3- ソースの材料を混ぜ合わせる。

4- 皿に野菜を盛り、ソースをかけ黒胡椒を振る。

材料　2人分

キャベツ --- ⅛カット
カラフル人参（オレンジでも可）
--- 300g
かぶ --- 2.3個
ごぼう --- ½本
油 --- 適量
黒胡椒 --- 適量

ソース（100㎖分）

ヨーグルト --- 大さじ4
塩麹 --- 小さじ2
オリーブオイル --- 小さじ1
玉ねぎすりおろし --- 30g
（玉ねぎ小玉¼個ほど）

POINT

さっとグリルで楽しめる春の野菜。柔らかく瑞々しいから、どんな焼き具合でも美味しい。焦げ目をつけて香ばしく、生とは違う味を楽しんで

鶏ごぼうとクレソンの混ぜご飯

RECIPE

1- お米をいつもより少し少なめの水で炊く。

2- 流水でごぼうの泥をよく落とし、ささがきにして5分ほど水にさらす。

3- フライパンに油を熱し、1cm角に切った鶏肉を焼き目がつくまで中火で炒める。

4- 水を切ったごぼうと**調味料A**を入れ、水分が飛ぶまで弱火で煮る。火を消して一度冷まし、味を染み込ませる。

5- 炊きあがったご飯に**4**を混ぜ合わせ、1cm幅に刻んだクレソンを混ぜ合わせる。

材料　2人分

ごぼう --- ½本
鶏もも肉 --- 100g
クレソン --- ½束
お米 --- 1合

調味料A

醤油 --- 大さじ2
みりん --- 大さじ2
酒 --- 大さじ2
砂糖 --- 大さじ1

POINT

ごぼうと鶏を調味料で煮たあと、冷ますことで味が中までよく染み込む。前日に作っておくのもおすすめ。

春野菜のお味噌汁

RECIPE

1- **具材①**春キャベツは1口大、新玉ねぎは薄くスライスする。

具材②豆腐は2cm角に切り、クレソンは3cm幅に切る。

2- 鍋に分量の水、和風顆粒だしを入れて火にかけ、煮立ったら、**1**を入れ火を通す。

3- 麦味噌を溶かし入れてひと煮たちさせる。

材料　2人分

和風顆粒だし --- 5〜7g
麦味噌 --- 大さじ1
水 --- 350mℓ

具材①
春キャベツのお味噌汁
春キャベツ --- 20g
新玉ねぎ --- ¼カット

具材②
クレソンと豆腐のお味噌汁
クレソン --- 1束
絹豆腐 --- 10g

POINT

どの野菜も生でも食べられるくらいなので、せっかくのその食感が残るよう、あまり煮すぎないようにしよう。

春の香味野菜水餃子

RECIPE

1- それぞれの肉を1cm角に刻み、塩を入れて粘り気がでるまで揉む。

2- 肉に**A**を加えさらに揉み込んだら、1cm幅に刻んだパクチー/クレソンを入れて混ぜる。

3- ティースプーン山盛り一杯ずつを皮でつつむ（2種類作る際は形を変えるとわかりやすい）。

4- 鍋にお湯を沸かし、沸騰したら餃子を入れ5分ほど茹でる。

材料　20個分

餃子の皮 --- 20枚

具材①豚パクチー

豚バラ肉 --- 200g
パクチー --- 40g
塩 --- 小さじ¼
調味料A
酒 --- 大さじ1
醤油 --- 大さじ1
砂糖 --- 小さじ1
ごま油 --- 小さじ1

具材②ラムクレソン

ラム薄切り肉 --- 200g
クレソン --- 2枚（20g）
塩 --- 小さじ½
調味料B
酒 --- 大さじ1
クミン --- 小さじ½
オリーブオイル --- 小さじ1

・つけダレ（分量外）
レモン、オリーブオイル、岩塩、柚子胡椒

POINT

バラ肉を刻むことでひき肉にはない食感が出て、より食べ応えのある水餃子に。入れる材料も少なく、簡単にできるのも嬉しい。

ヤングコーンとアスパラの白だし和え

RECIPE

1- 蒸し器でヤングコーンを皮ごと10分ほど蒸し、皮をむいて実とヒゲを取り出し冷ます。
※蒸し器がない場合はラップをしてレンジで4分加熱する。

2- アスパラの下部分を5cmほど切り落とし、根元のほうから⅔ほど皮をむく。

3- お湯を沸かし、アスパラを固めに茹でて水で冷やしてから5cm幅に切る。

4- 全ての野菜をボウルに入れ、白だし、ごま油と一緒に混ぜ合わせ、最後に桜海老を混ぜる。

材料　2人分

ヤングコーン --- 5、6本
アスパラ --- 70g
桜海老 --- 適量
白だし --- 大さじ1
ごま油 --- 小さじ½

POINT

アスパラを茹ですぎない方が美味しい。（茹で方はP19を参照）白だしのかわりに、ナンプラーとレモンでエスニックな味付けもおすすめだ。

踊れるモヤシ、に出会うまで
——小さな八百屋の生きる道

うちがどんな八百屋なのか、一発でわかることがある。それはモヤシを売っていないことだ。決してモヤシに恨みがあるわけではない。モヤシを入れる理由が(今は)見つからないからだ。

店のカタチが決まるまで、様々な試行錯誤があった。何を誰から仕入れるか、価格、ディスプレイ、どこで修業をしたわけでも農業をしていたわけでもなく思いつきで始めてしまったので、その紆余曲折は語りつくせない。中でも品数問題は最初の壁だった。普通の八百屋にあるべき品目を常に揃えるならば、納得いかないものでも入荷しなければならない。それを「世界一美味しい!」と思っているものを隣に置くのは気が引けた。けれど「なんでないの?」と言われたら、返す言葉がなかった。あまりに迷うので、仲間と話し合って一つだけルールを決めた。やりたいのは、セレクトショップのような八百屋。だから自分たちが「いい野菜だ」と思うもの、それだけを仕入れよう、と。

しかし一口にいい野菜といっても定義は難しい。鮮度、栽培方法、価格、産地、農家さん、見た目、味、ぱっと思いつく尺度とその組み合わせだけでも無限にあるし、味にいたっては個人の感覚である。というか、無理だ。でも、そこには何かがある。いつも何かに従って選んでいるのだ。私も、そしてお客さんも。

朝露に濡れた採れたてのツヤツヤの葉付きかぶに、通りがかりの知らない人がふと漏らす「わぁ、美味しそう」を何度も聞いた。お母さんの手を振りほどかんばかりに、真っ赤なトマトに駆け寄ろうとする子どもたちを何度も見た。反対に、全く興味がなさそうだったのに、こちらの熱弁に食べたことないビーツを買ってしまう人もいたし、「いつあれは再入荷しますか」とキャベツの再入荷をずっと心待ちにする人もいる。みんな理由もタイミングもバラバラだけれど、何かのポイントで動くのだ、心が。

だからいい野菜の定義を「心が踊る野菜」にした。見た瞬間に踊りだすこともあれば、徐々にのってきて踊りたくなる時もある。踊りたくてうちにくる人もいれば、まったく踊るつもりがなかった人もいる。だから我々はいいＤＪでいなくてはならない。つもりがある人もない人も、踊ってもらえる努力をするのだ。聞いたことあるあの曲も、知らなかった新しい曲もかける。個人のマニアックな趣味をまぜつつも、ちゃんと超定番を、最高のタイミングでかけたりもするのだ。夏の予感を告げる花付ききゅうりを、やっと晴れた４月の日曜日に、ずらりと並べるように。

「人は誰かにおすすめされて物を買いたいんだよ」。青果のプロである友人に言われた言葉だ。セレクトショップと言われる場所には「店主の選んだもの」を買いに行く。全てのチョイスが個人的で明確で、なぜ、どうして、それを選んだのか（選ばなかったのか）理由があるのだ。偏りもあるかもしれない。でもそれが面白いし一番信頼できる。

それはこちら側、売り手にとっては、その分責任が生じるということになる。だから、迷った時に貫ける何かを常に持つ。金額、栽培方法、味、コスパ、なんだっていい。自分の中の、自分だけの基準を持たなければならない。

だからうちにはモヤシが一度も入荷してない。八百屋の必須アイテムだけど関係ない。不便は承知だけど、それでいいのだ。「踊れるモヤシ」に私はまだ出会えてないのだから。

夏

冷やしピーマン、はじめました

「冷やし中華はじめました」の如く、うちでは夏になると冷やしピーマンが始まる。きっかけは数年前の夏のサムギョプサル会。ゲストの一人が「冷やしたピーマンにのせたら最高ですよ」と教えてくれた。早速売り場からピーマンを数個とってきて半信半疑で試したのだが、結局会が終わる頃には20個近くのピーマンを消費した。氷水で数十分、できれば半日冷蔵庫で冷やすとより美味しい。青臭さや苦味は消え、食感はパリッパリ。食べ応えもある。ピーマンは一年中流通するが、冷やしピーマンはやはり旬である夏がおすすめだ。さあ今年こそ、冷やしピーマン、はじめてみませんか。

のせるなら重たい食べ物

冷やしピーマンに載せるのにおすすめなのは、まずは油ののったお肉。豚バラや焼肉ダレで焼いた牛肉など味が濃いものがよくあう。キーマカレーのようなひき肉も美味しい。チーズを生でのせて海苔をまけば、簡単おつまみの完成だ。

進化の道は国それぞれ

日本では夏野菜の代表だが、米や小麦と同じく世界三大主食の一つであり、中南米の食文化には欠かせない。メキシコに行った際、タマレスというとうもろこしのチマキに似た伝統料理を教わった。「日本でもできる？」と聞くと「日本のは甘すぎてダメよ」と何度も釘を刺された。確かに、細長い外国の米で寿司ができるかと聞かれたら、首を縦には振らない。彼らにとっては自国の食文化を象徴する大切な穀物なのだ。反対に、日本で流通するスイートコーンは瑞々しくて甘いのが売りだ。梨のように糖度が高い白や、赤など新しい品種が開発され、もはや野菜を超えてフルーツに近いとも

いえる。一つの品種でも、国境を越えれば存在自体が違うものになってしまうのだ。

朝採りだけの魔法

とうもろこしは光合成の能力が高く、日中に糖分を蓄え、翌日それを使って光合成を行うため朝5〜7時に収穫されたものが、一番糖度が高い。時間が経つほど糖度が落ちるので、今朝採りのものを見たらすぐに買うべきだ。

進化前の懐かしい味

ピンクのマルチカラーは「もちきび」と呼ばれる甘みの少ない品種。でんぷんが多く、茹でるともちもちして噛んでいるうちに自然な甘みが。今では販売されることは少ないが、一定の年齢以上の人には懐かしい味として親しまれている。

もう、茹でなくっても大丈夫

枝豆が大好きだ。茹でた先からぽいぽい食べ、気がついたらあっという間になくなってしまう。夏は毎日食べたい。しかし、茹でるのがちょっと億劫なのも事実である。お湯が沸くのも待てない、もっと簡単に今すぐ食べたい、そんなあなたに朗報です。もう、たっぷりのお湯で茹でなくてもいいんです。フライパン一つあればいい。蒸したり、焼いたり、あっという間。火通りが心配であれば、ちょこちょこ味見しよう。きっとすぐになくなってしまう。

フライパン一つで簡単調理

一番簡単なのは蒸し焼きだ。枝豆を洗って塩で揉み、フライパンに水 100㎖と入れ蓋をして火にかけて5分、これで完成だ。余計な水分がないので、柔らかくなりすぎず、ホクホクの仕上がりになる。水なしで、油で焼くのも美味しい。塩もみした後、油をひいたフライパンに入れ、さやの両面に焼き目がついてさやが少し開いたら完成だ。そして進化系はペペロンチーノ。刻んだにんにくと唐辛子で炒め、タイムなどのハーブを入れる。ピリ辛が美味しい簡単おつまみの完成だ。

めずらしナスを大解剖

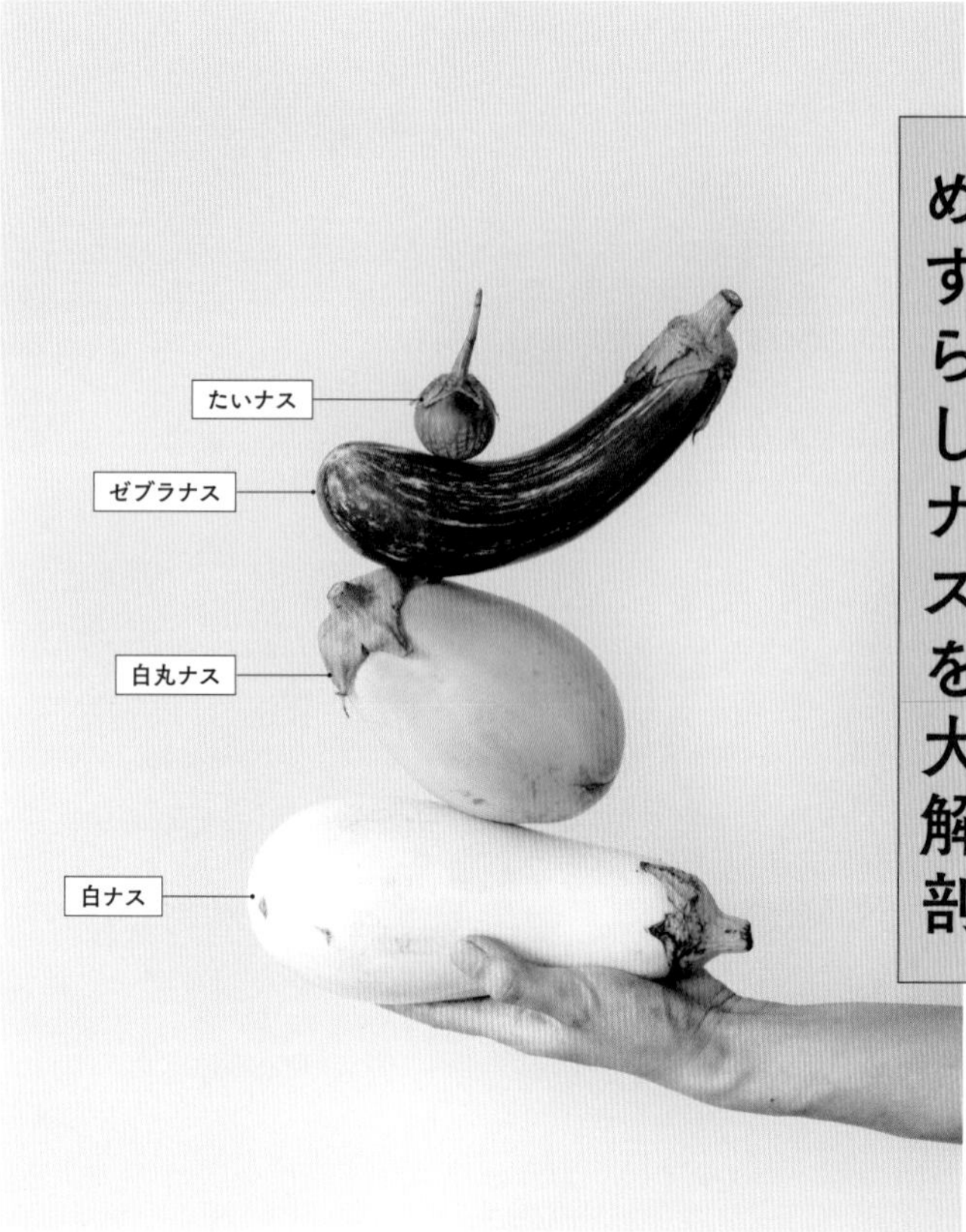

夏秋のマルシェイベントに欠かせないのが、このカラフルなナスたち。白に緑にシマシマ柄、ちょっと変わったナスたちが並べば、売り場は一気に外国の市場のようになる。見ているだけで楽しくなり、お客さんもよく足を止めてくれる。しかし、足は止めてくれるのだけれど、なかなか手が伸びないのがこのめずらしナスたち。確かに、使い方が想像つかないものばかり。じゃがいもにも煮物向け、フライ向けといろいろあるように、実はナスも様々な種類と特性がある。でも大丈夫。その正体がわかればナス料理はもっと簡単に、もっと楽しくなるんです。

白ナス系はとろとろグリル

白ナス系は実が柔らかくとろとろになるのが特徴。炒めるより揚げるより、とにかく焼きナスがおすすめ。真っ白の白ナスは皮が少し固いのでじっくり焼く。その分実がはんぺんのようにとろとろになる。緑の白丸ナスは皮も薄くアクも少ないので、グリルのほかレンジで数分蒸すか、生でも美味しい。

ゼブラ、タイナスは煮込み用

ゼブラはイタリア系のナスでトマト系の煮込みによく使われ、タイナスはその名の通りタイカレーに使われる。どちらも皮が厚く実も詰まっており、煮込み向き。さっと焼くのにには向かないが、その代わり、加熱すると日本のナスにはないぎゅっとした独特の食感が楽しめる。

この、ばかばかしい、かっぱ巻き中心の世界で

市場に出荷する野菜の形には厳しい規格があり、これによって値段が変わってしまう。きゅうりの場合は、太さ、まっすぐさ、長さ。長さの基本は21㎝なのだが、これはなんとカッパ巻きの海苔のサイズに合わせたことが始まりだという。いくら寿司大国とはいえカッパ巻き中心とは。信じられない話だがこれが日本の農産物流通における現実なのだ。

長さの方はまだましで、曲がっているとガクッと値段が落ちる。確かに極端に先細ったり、あまりに変な形は味や食感も落ちる。しかし、うちの取引農家さんから頂く曲がったきゅうりの味が悪いと感じたことは未だない。むしろ、

適当に買ったまっすぐなきゅうりより美味しいことが多い。

その理由は最近多い「まっすぐに育つ品種」にある。規格に合い出荷量は増えるが、曲がりにくい分、皮が厚くなりやすいのだ。本来は皮の薄さこそが、きゅうりの美味しさの一つのバロメーターなのに。けれど、お客さんは食べるまでわからない。まっすぐというだけでテスト合格。そのせいで、実は美味しい曲がったきゅうりが日の目を見ず消えていっているのかもしれない。こんな本末転倒なことが、私たちの知らないところで進んでいるのだ。このカッパ巻き中心の世界では。

なんで花だけ高級食材？

山梨の友人が「NOズッキーニ」というステッカーを冗談で作った。ズッキーニは初心者でも簡単にでき、夏はおすそ分けが大量に溜まるからだそうだ。そんな扱いを受ける夏のズッキーニだが、花は違う。使われるのは高級レストラン。売り場では丁寧に花に綿を入れて箱に詰めて並べられていて、その姿はまさに高級食材だ。この扱いの違いはなんなのか。

ズッキーニの花には雌花と雄花がある。雌花の下部はいずれズッキーニになるので、とっておく。雄花には実はならないが、人工的に受粉させるのに必要になる。そのうえ、雄花は早朝の短い時間し

か咲かないので、収穫が難しい。故に、花は大変希少価値が高くなってしまう。食べてみると、確かに、その味は柔らかくてジューシーで例えようがない。高級食材なのも頷ける味なのだ。

溢れ出る水は鮮度の証拠

新鮮なズッキーニを切ると水が溢れてくるが、これはオクラのネバネバと同じタンパク質と糖質。放っておくと次第に固まりくっついてしまうので、切ったらすぐ使うか水につけよう。しかしこの水分は新鮮な証拠である。いかにも瑞々しくて美味しそうだが、舐めてみるとものすごく苦くてエグい。

ハラペーニョは薬味説

生のハラペーニョの美味しさについて本気で語ったら2ページでは到底足りない。「あの酸っぱ辛い瓶詰め？」と言われるが生ハラペーニョは全くの別物だ。もはやツナ缶とマグロくらい違う。まずフレッシュなと香りが最高だ。厚みがあり食味も瑞々しい。この美味しさ、なんとしても広めたい。しかし、どうやって使うべきか。メキシカンにエスニック、相性はいいが馴染みがなさすぎる。そこで発見したのがネギのように使う「ハラペーニョ薬味説」。パスタに冷奴にカレーに「ここは薬味かな」と思うところに生ハラペーニョ。びっくりするくらい合う、かつ新鮮な味になるのだ。

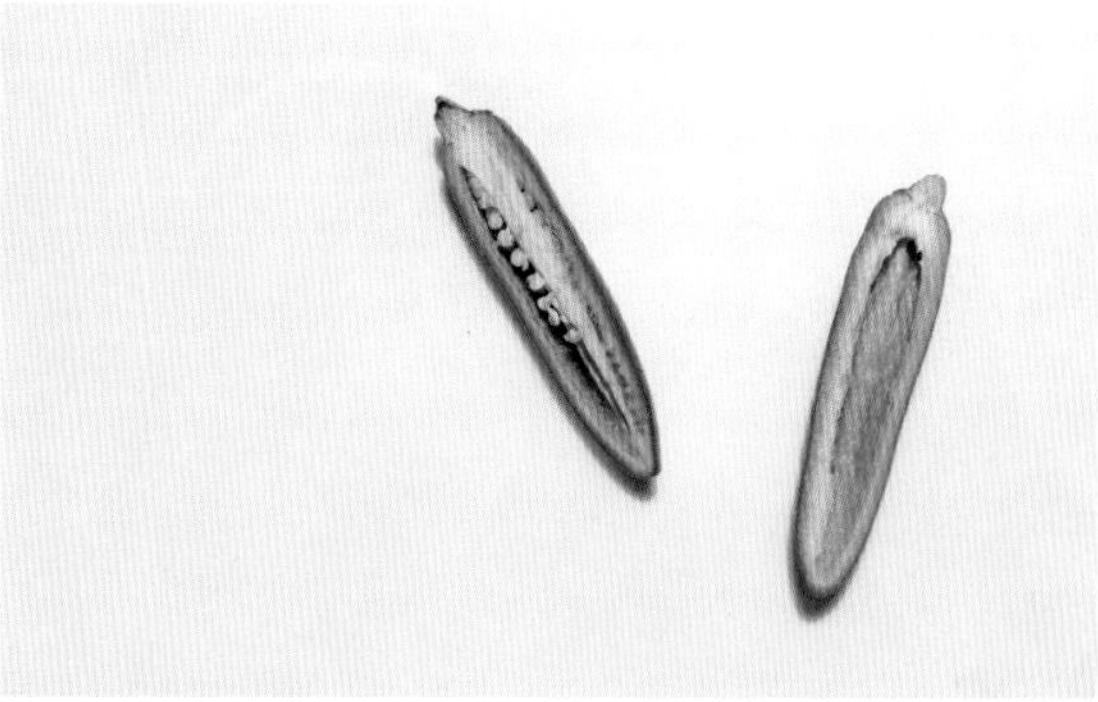

辛いのはワタと種

ハラペーニョの辛味は主にワタと種にある。辛いのが得意でなければ、半分に割って流水で流しながらワタと種を抜くと良い。手に傷があると、辛味成分がしみてものすごく痛いので気をつけてほしい。種を触った後に目を触るのも厳禁だ。また、新鮮なハラペーニョはそこまで辛くないが、日にちが経てば経つほど辛さが増してくる。色が黒くなってくると要注意だ。最後は黒から赤に変わるが、そうなったらもう一口舐めるだけでも痛いほど辛くなる。

初心者は刻み or チーズと合わせて

ハラペーニョ初心者におすすめなのが、細かく刻んでパスタや納豆に混ぜ込んでしまうことだ。混ぜてしまえばそこまで辛くないし、フレッシュな香りにピリ辛がいいアクセントになる。チーズと合わせるのもおすすめだ。ワタと種を抜いてクリームチーズを詰めたり、シュレッドチーズを詰めたりして焼くのも食べやすい。焼くと辛味も少しマイルドになるが、せっかくの旬の時期はぜひ生で食べてみて欲しい。

得意技 封じてみたら 新境地

一番得意なものをあえて封じることで、新境地が開けることがある。野菜においてもそれは同じだ。だからあえてオクラを「ネバネバさせずに」食べてみよう。まずフライ。アメリカ南部の伝統料理。衣とオクラのサクサクした食感が新鮮だ。次に生食。種のプチプチとした食感がたまらない。刻んでわさびとあえて、海苔で巻けば粋な箸休めにピッタリだ。最後はグリル。茹でた時とは違う香ばしさが楽しめる。真夏は野菜の種類が限られる。でも同じ野菜も調理方法を変えるだけで、何日も楽しめる。旬ではない野菜を無理に食べるより、ぜひ「得意技封じ」も試してみてほしい。

新食感オクラ、ヘルシエ

丸オクラの中でも一押しの品種が薄い黄緑色のオクラ「ヘルシエ」だ。八百屋をはじめて感動した野菜の一つである。散々ネバネバを封じる話をしたあとでなんだが、このオクラ、ネバネバが普通のオクラの2倍とも言われており、その特徴から「ネバオクラ」と言われている。味はしっかりと香ばしくもちもちしている。普通の角オクラが白米ならば、こちらのヘルシエは玄米といったところだ。少しずつ流通されるようになっているので、見かけたら一度試してみてほしい。

生で食べるなら丸オクラ

オクラといえば断面が星型の角オクラが主流だが、最近この丸オクラもよく見かけるようになった。別名島オクラ、八丈オクラとも言われ、沖縄や八丈島で古くから栽培されている。角オクラは大きくすると固く筋張ってくるが丸オクラは大きくても固くならない。肉質はしっかりしつつも柔らかいので、ぽりぽりとした食感。塩でこすり、表面の毛を落とせば生でポリポリ食べられる。

スイカは野菜か 果物か論争

スイカを野菜売り場で見たことなんてない。なのによく聞くこの論争。なぜ生まれたかというと「樹木になる実が〝果物〟。一年生植物や多年生植物になる実が〝野菜〟」という定義による。これによればスイカだけじゃなく苺もメロンも野菜になる。しかし実際はどう食べるかの方が重視されるため、消費者側の使い方次第でその扱いは変わるそうだ。ということは、スイカはやはり果物なのだろうか。そんな論争に終止符を打つべく、農林水産省の出した答えは「スイカは果実的野菜」である。結局、何も解決していない。ちなみに私個人は最近は「スイカはしょっぱく食べる」派である。

しょっぱく食べるスイカ

日本でも塩をかけることがあるが、これはあくまでフルーツとして「甘みを感じやすくする」ためのものである。欧米や中米ではスイカにチリやらチーズやらをかけて食べている。意外だが、これがとても美味しい。スイカが余ったり、甘くないのに当たったりしたらサラダにしてみるのがおすすめだ。

味付けはオリーブオイルに塩胡椒、そしてライムやレモンの柑橘を搾るだけ。

もう少し重めが好きであれば、リコッタやカッテージチーズなどのフレッシュチーズやヨーグルトと食べるのも良い。黄色の熟成系チーズはあまり合わないのでおすすめしない。一緒にサラダにするなら、きゅうりや玉ねぎ、ハラペーニョやハーブなど、さっぱりした食材と相性がいい。

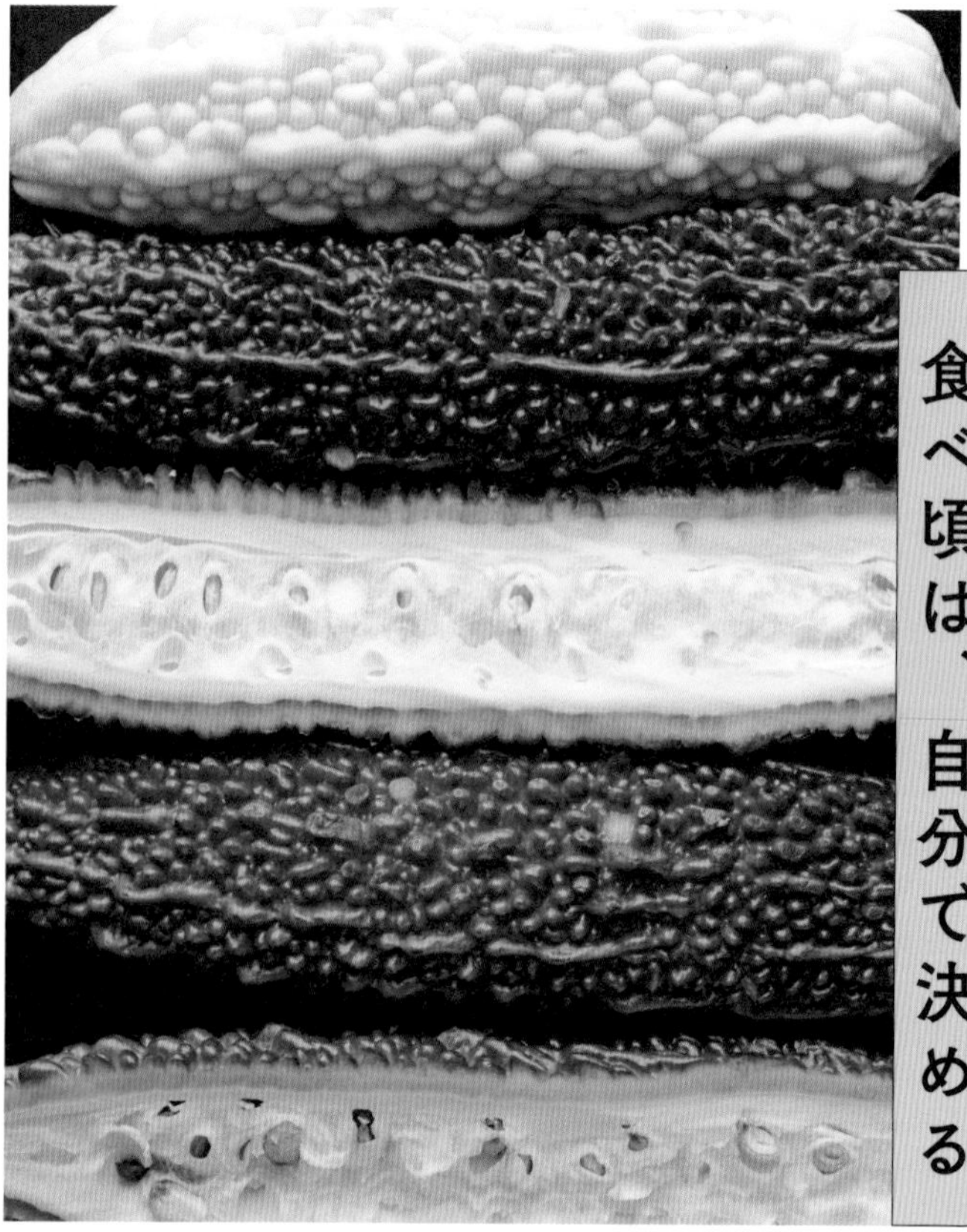

食べ頃は、自分で決める

福島の人は桃がまだ固い時に食べるそうだが、果物に好みの食べ頃があるように、実はゴーヤも食べ頃を選ぶことができる。今回のゴーヤは前より苦かったな、なんてことがあったら、そのゴーヤが熟していないからだ。収穫したてのものは濃い緑色で表面の粒々が密集している。そういったものは苦味も強い。常温で追熟するとだんだんと薄緑色に、粒は大きくなり苦味は薄くなる。そしてもっと置いておくと、最後は黄色になりメロンのように甘くなるが、シャキシャキ感は消えてしまう。完熟したものは、中の種が真っ赤になり初めて見ると驚かされる。鮮度がいいものが一番美味しいと思い

がちだが、自分にとってのベストな時期が、一番美味しいものもあるのだ。

下処理もお好みを探して

茹でたり塩もみをしたりと、ゴーヤの下処理にはいろいろあるが、せっかくのシャキシャキ食感と苦味が全て消えてしまうのはもったいないので、うちでは水にさらすだけだ。5分ほどでも苦味は飛ぶが、まだ足りない場合は 10 ～ 15 分ほど水にさらすといい。それでも足りなければ塩と砂糖で揉むのがいい。そのゴーヤの個体差もあるのでこの下処理がいいです！　と一概には言えない。やりすぎたらもう戻れない。なので、水にさらしてみてから、足りなければ次の処理をしてみる、というのが一番確実だ。

調理用トマトの逆襲

八百屋なのにこんなことを言うのはなんなのだが、生食トマトがさほど好きじゃない。野菜の中でもメジャー中のメジャー。朝ご飯におやつにおつまみに、老若男女問わず大人気。もう猫も杓子もトマトトマトなのだ。しかし、いつも「甘いか」と「酸っぱくないか」を聞かれるばかりで、売るのにも面白みがない。そんなこともあって、あまりトマトに興味がもてなかったのだ。

　しかし、そんな私にもついに「推しトマト」ができた。それがこの調理用トマト、サンマルツァーノだ。生でも悪くないのだが、加熱すると本当に旨味が爆発するのだ。その変貌ぶりもまた驚

きがあって楽しい。最近作っている農家さんも増えてきた。甘さ一辺倒のトマト界に一石を投じてくれる、ダークホースなのだ。

見た目も収穫時期も違う

余ったトマトをソースにしたら思いの外色が薄かったことはないだろうか。それはおそらく生食用のトマトだからだ。調理用は完熟してから収穫するため、鮮やかな赤になる。生食用は店頭に並べるため完熟前に収穫しうっすらとしたピンク色。また生食用はハウス栽培が多く一年中収穫できるが、加熱用は真っ赤に熟す夏がメインだ。

用途で分ける、調理用トマト

調理用にも種類があり、ソースやジュース用は加熱することで粘りのある液状になるので無水カレーなどにも向いている。サンマルツァーノなどのグリル向けは果肉がしっかりしており水分も少ないので、チーズや肉を詰めて焼くのがおすすめ。調理用はどちらも生食用に比べれば皮も実もしっかりしているのも特徴だ。完熟してから収穫するため旨味成分が生食用より多く、西洋ではだしのように使われている。

夏の貴重なネバネバ葉物

夏は葉物野菜の種類が少ない。売ってはいるが、春や秋の小松菜に比べれば味も状態も落ちる。そんな夏の貴重な葉物がこの二つのネバネバ野菜だ。モロヘイヤは中近東で古代から栽培され「王の食べる野菜」という意味の名だ。あのクレオパトラも愛したという。

つるむらさきは東南アジア原産で、ほうれん草のように食べられていたことから「インディアン・スピナッチ」とも呼ばれる。どちらも古くから食べられており、栄養価も高く、すぐ火も通るので暑い時期にぴったりだ。納豆にオクラにとろろ、日本人の大好きな夏のネバネバご飯に、世界のネバネバ野菜もぜひ加えてみよう。

葉と茎は分けておく

どちらも茹でる際は葉と茎を分けて茹でる。つるむらさきの茎は固い部分もあるため斜めに切ると早い。茹ですぎると黒くなるため、茹で時間は長くて1分ほど、葉は 30 秒ほどでいい。モロヘイヤの茎は緑で瑞々しいものは食べられるが、黒く枝のようになっているのは美味しくない。

モロヘイヤは生食も可能

つるむらさきは茹でなければ固いが、モロヘイヤは生食も可能である。紫蘇のように刻んで薬味にしたり、葉をそのままサラダにしたり、茎も刻めばプチプチネバネバで美味しい。両方とも火通りが早いのでさっと茹で、必ず冷水につけるようにしよう。

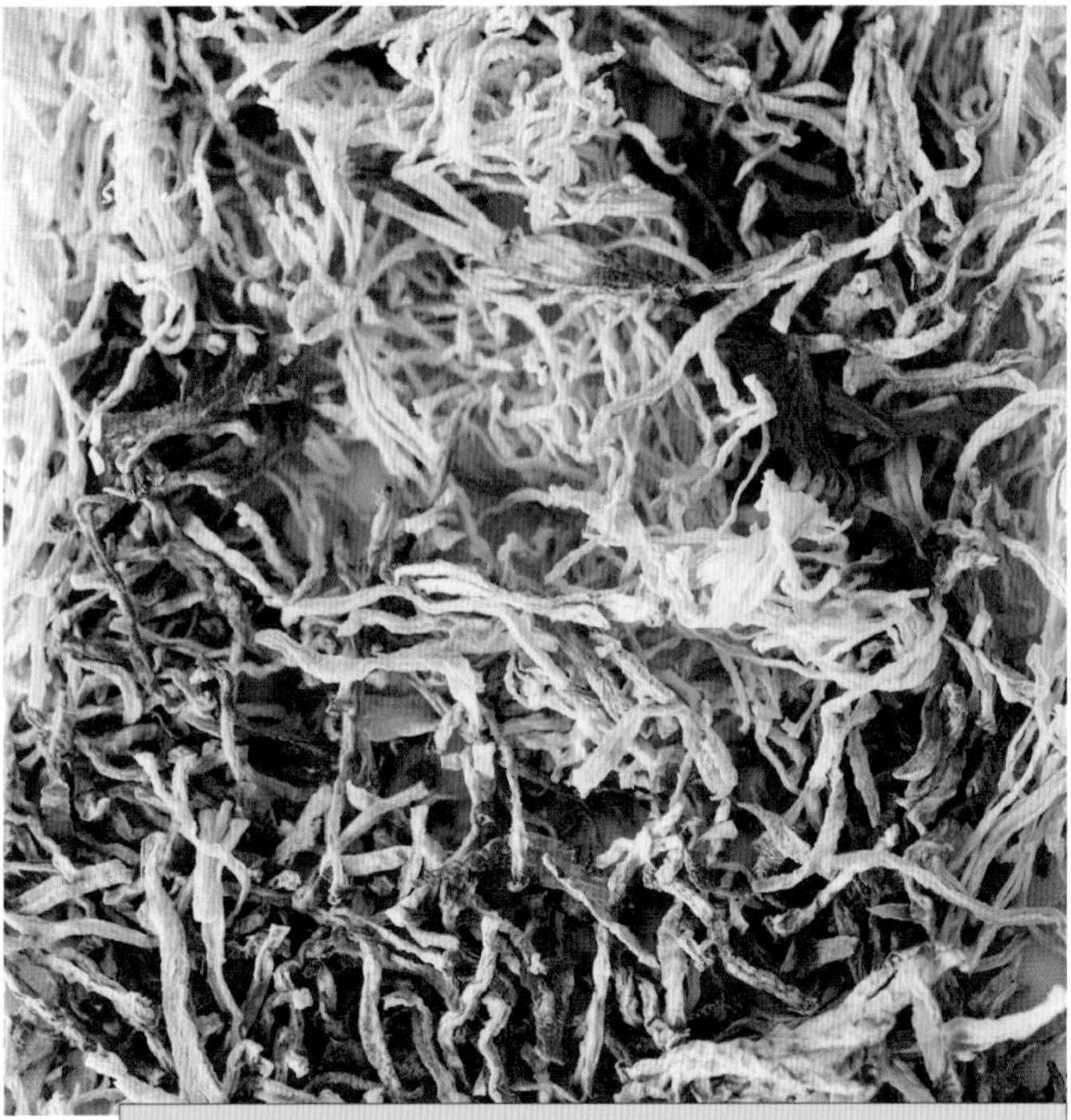

冬の恵みは夏こそかがやく

日本の素晴らしい伝統食文化、乾物。大豆にきのこ、昆布や鰹節、これらはよく使うけれど、実はあまり縁がなかったのが切り干し大根。でもその美味しさに最近目覚めた。スープや煮物など、料理としては冬のイメージがあるけれど、むしろ夏にぴったりなのだ。夏野菜に飽きてきて、ちょっと違うものが恋しくなる、そんな時こそ出番。冬の寒さでギュッと甘みと旨味を蓄えた大根を、サラダやナムルにスパイスカレー、夏ならではのメニューでいただこう。実は本当に美味しい切り干し大根は、水でもどさずともスルメのようにぽりぽり食べられて、デスクワークのお供にも最高だ。

サラダにしてみる

切り干しといえば煮物だが、サラダでさっぱり食べてみよう。パパイヤの代わりに切り干し大根を使い、ナンプラーや柑橘を搾ったヤムウンセンがお気に入り。ササミと胡麻マヨ和えサラダや、キャベツやきゅうりとコールスローにするのもおすすめ。

洋風に使ってみる

粒マスタードとベーコン、白ワインで炒め煮すればちょっとおしゃれな付け合わせに。刻んでハンバーグの具にすればヘルシーにボリュームアップ。カレーに入れるのもだしがでておすすめだ。

野菜だってイライラする

ししとうと甘長とうがらし、買う際にほとんどの人が「辛くない……ですよね？」と聞く。二つともナス科トウガラシ属の野菜であるが、基本的に辛味はない品種だ。でも二百本に1本くらいの確率で辛い時がある。しかもものすごく辛く、かなりつらいのだが、我々の間では「大当たり」と呼び、お客さんに辛かったと言われれば「ごめんなさい、でも縁起がいいですね！」と応える。辛くなることが本当に稀なのだ。ではなぜ、辛いものが混じってしまうのだろうか。

甘長やししとう以外でも、野菜がものすごく苦かったり、辛かったりすることがある。寒すぎや暑すぎ、雨が少なすぎたり多すぎたりと、おかしな天候や土になってしまった時、野菜がストレスで普段と違う状態になるという。つまりたまの当たりはストレスの溜まった野菜、イライラしていて辛くなったのだ。とはいえ通常は甘く青臭さもほぼない。ガクも種もワタも柔らかく、調理はとてもしやすいので、未体験の方にはぜひ食べてほしい。もし初回で辛かったなら、それはもう大当たり中の大当たり。強運だと思ってどうかご容赦ください。

まるで出世魚、パプリカ3兄弟

パプリカのメインの3色は、実はすべて同じ種類で、その成熟度によって色が変わる。一番最初に収穫されたものが黄色、オレンジと続き、最後まで太陽をいっぱい浴びたものが赤なのだそうだ。ちなみに黄色になる前は緑色だがピーマンとは品種が別物である。色が違うと味も違う。黄色はさっぱりフルーティで少しだけ酸味がある。赤は完熟しているので甘みが強い。オレンジはその中間、二つのいいとこ取り。色によって栄養素まで変わってくる。時期で味が変わる、いわば野菜界の出世魚だ。

伊豆に素敵なマダムが切り盛りするお店がある。そこで食べたさつまいもの茎のぬか漬けが忘れられない。私は初めて食べたが、さつまいもの茎は戦中戦後の食糧不足を支えていたという。「あの頃は何もかもを食べたのよ」と、昔祖母がポツリと言っていた。彼女にとってそれは決して美味しい思い出ではない。80年近く経った今、辛く厳しい時代の知恵は、こうして小粋で風流な一品として、古伊万里の皿に盛られている。

「食べ方知らないでしょ?」とマダムがつーっと皮をむいてくれ、皆でお酒のアテにした。これを楽しみとして食べられる、そんないい時代に我々は今生きている。

「美味しい」と思える幸せ

せめて喉だけ、夏休み

子どもの頃の夏休み。約1ヶ月半のあの日々が遠く懐かしい。うだるような暑さ（とはいえ今よりましだった）となぜか終わらない宿題に蝉《せみ》の声、ゲームと扇風機の音、おばあちゃんの家の畳の匂いに高校野球、そして紫蘇ジュースだ。甘くて喉にキーンとくるあの味。春でも秋でも冬でもダメな、夏休みの味。手作りジュースというとハードルが高そうに見えるが、実はこれが意外と簡単に作れてしまう。慌ただしい日々の中、キッチンで、デスクで、車の中で、今日もお疲れ様の晩酌に、紫蘇ジュース。もうあの頃のようには過ごせないのだけれど、せめて喉だけでも夏休みを味わうのだ。

シンプルだけど、無限大

材料はとってもシンプル、砂糖、お酢（or クエン酸）と赤紫蘇だ。数日で飲みきる薄いものから、長期保存できるシロップまで様々なレシピがある。また使うお酢や砂糖によってもかなり味が変わり、その味は無限大。調味料を変えながら、自分の好みを探すのも楽しい。

お酢マジックで綺麗な赤に

赤紫蘇は茹でると赤さが消えてしまう。よく言えば緑色、言葉を選ばずに言えば、いろんな絵の具を溶かした水のようで、初めて作ると本当にこれでいいのかと不安になる。しかしお酢を入れれば綺麗なピンクに早がわりする。ちなみに赤紫蘇で布を染めると、やはり赤ではなく緑になるそうだ。

夏野菜の保存と
おすすめ調味料

夏野菜の敵は湿度と冷えすぎ。シワシワにならないよう、冷気が当たりすぎない場所で保存しよう。料理が嫌になるこの時期。野菜を生食する前に、氷水でしばらく冷やせば、採りたてのようなパリパリに。食欲をそそるスパイシーな調味料を使って酷暑のご飯を楽しもう。

1	2	3
4	5	6

1. ピーナッツバター

コチュジャンや甜麺醤、豆板醤などの中華系調味料と合わせれば、生野菜にピッタリの濃厚ディップの出来上がり。肉味噌を作る時に入れれば、手軽に坦々麺のもとに。カレーの隠し味にもおすすめ。

2. ナンプラー / チリソース

暑い夏には暑い国の調味料がしっくりくる。お醤油の代わりにちょっとナンプラーを入れれば一気にエスニックな雰囲気に。チリソースは肉の下味や、マヨネーズとあえて甘辛なディップに。

3. カレー粉・スパイス

暑すぎて食欲が失せたらスパイスで食欲増進。クミンやフェンネルなどハードルが高ければ、まずはカレー粉からスタートしてみて。揚げ物の下味や炒め物に混ぜるだけで、一気に夏の味に。

4. 柚子胡椒

夏といえば辛いもの！　唐辛子に飽きたら、柑橘が爽やかな柚子胡椒で代用。オリーブオイルと和えてドレッシングにも。香りが飛ぶので必ず料理の最後に。商品ごとに辛さがかなり違うので少しずつ試して。

5. 鯖缶

具材でありながら味付けもできる、もはや調味料。火を使わずにすぐにできるから、暑い夏の台所の味方。ご飯や和え物、素麺の汁に混ぜてもいい。鯖缶のほかにツナ缶なども常にストックしておくと便利。

6. 美味しいお酢

夏バテ対策に、夏の保存食に欠かせないお酢。酢の物を作る時以外も、ほんの少量入れるだけで、味の引き締め効果は絶大。リンゴ酢や黒酢、赤酢など様々な種類があり、風味や味も様々で楽しい。

ゴーヤとトマトとツナのサラダ

RECIPE

1- ゴーヤを半分に割りワタを抜いて5㎜幅に切り、水を張ったボウルに数分つける。つける時間は好みの味によって変える。（P75参照）

2- ゴーヤの水分を切り、ボウルに入れ**調味料A**と混ぜ合わせる。

3- ツナ缶の油分を軽くきり**2**に入れ、混ぜ合わせる。

4- トマトを一口大に刻み混ぜ合わせ、黒胡椒を入れる。

材料　2人分

ゴーヤ --- ½本
トマト --- 中玉2個（200g程）
ツナ缶 --- 1個

調味料A

お酢 --- 小さじ1
塩 --- 小さじ½
砂糖 --- 小さじ½
黒胡椒 --- 適量

POINT

ツナ缶をノンオイルにするとさらにさっぱりと仕上がる。お好みでナンプラーを入れてもOK。

鯖缶とハラペーニョの混ぜご飯

RECIPE

1- 鯖缶のオイルを軽く切り、ボウルに入れほぐす。

2- ハラペーニョを縦半分に割り、流水の中で種とワタを抜き、5㎜幅に刻む。

3- **1**のボウルに**調味料A**と刻んだハラペーニョを入れ、よく混ぜ合わせる。

4- **3**に暖かいご飯を入れ、切るように混ぜ合わせたら、5㎜幅に刻んだパクチーも混ぜる。

5- 黒胡椒を振り、カットライムを添える。

材料　2人分

ハラペーニョ --- 2本
鯖のオイル漬け
--- 1缶（170g）
ご飯 --- 2杯（200g程）
パクチー --- 細め2束(10g)
レモンorライム
--- ¼カット

調味料A
塩 --- 小さじ¼
ナンプラー --- 小さじ1
醤油 --- 小さじ1
黒胡椒 --- 適量

POINT

パクチーが苦手であれば大葉に代えても良い。半熟目玉焼きをのせても美味しい。

ズッキーニの白麻婆豆腐

RECIPE

1- 豆腐を熱湯で2～3分茹でてざるにあげ、10～20分程置き水抜きをする。

2- しょうがとネギをみじん切りにし、ごま油（分量外）で香りが出るまで炒める。

3- **2**にひき肉を入れ、色が変わったらズッキーニを加えて油が回るまで炒める。

4- **調味料A**を入れ、一口大に切った豆腐を入れて中火で3分煮込む。

5- 水溶き片栗粉（水、片栗粉ともに大さじ1）を準備する。強火にし、素早く混ぜてとろみをつける。

6- 火を止め、ごま油と柚子胡椒を入れ、最後にレモンを搾る。

POINT

柚子胡椒はものによって辛さがかなり違うので、様子をみてお好みで入れる。

材料　2人分

ズッキーニ --- 小1.5本
ネギ --- ½本
鳥ももひき肉 --- 100g
豆腐 --- 200g
しょうが --- 1片
レモン --- ¼カット
柚子胡椒 --- 小さじ½
片栗粉 --- 大さじ1
ごま油 --- 大さじ½

調味料A

酒 --- 大さじ1
鶏ガラスープ（顆粒） --- 小さじ2
こんぶ茶 --- 小さじ1
水 --- 150㎖

モロヘイヤとトマトの雑穀スープ

RECIPE

1- トマトを2㎝角にカットし、にんにくをみじん切りにする。

2- モロヘイヤは葉と茎にわけて（茎が茶色く固い場合は使わない）葉は千切り、茎はみじん切りにする。

3- フライパンにオリーブオイルをひき、にんにくとスパイスシードを弱火で熱する。香りが出たら、5㎜幅に刻んだベーコンを入れ少し縮むまで炒める。

4- トマトを入れて具材と絡め、油が回ったら水を入れ中火でかきまぜながら3分煮る。

5- 塩を入れて味を調えてから、雑穀とモロヘイヤを入れる。

POINT

モロヘイヤは火を入れすぎると色が悪くなるので、食べる直前に入れる。

材料　2人分

モロヘイヤ --- 50g
にんにく --- 1片
トマト --- 400g
ベーコン --- 約40g（2枚）
レトルト雑穀
　--- 1パック（約60g）
クミンorフェンネルシード
　--- 2つまみ
水 --- 300mℓ
オリーブオイル
　--- 大さじ2
ハーブ塩 --- 適量

夏野菜の素麺パーティー

RECIPE

トッピングの準備

1- モロヘイヤは千切り、ハラペーニョと紫玉ねぎをみじん切りにする。

2- 甘長とうがらし、ナスはごま油で焼き、オクラとつるむらさき（P79参照）は茹でる。

3- 豚バラを茹でて、冷水でしめる。

4- ゴーヤは薄切りにして水にさらしたあと、刻んだ梅干しと鰹節と和える。

つけタレ（それぞれの材料を混ぜる）

・豆乳担々麺スープ　豆乳 300mℓ、肉味噌（P97 参照）お好みで

・トマトめんつゆ　めんつゆ 150mℓ、水 150mℓ、刻んだトマト1個

・エスニック風　鶏ガラスープ（顆粒）大さじ1、水 300mℓ、ナンプラー小さじ½、砂糖小さじ 1、おろししょうが・にんにく 小さじ¼、レモン or ライムお好みで

材料　2人分

素麺 --- お好みの量

トッピング

（全てお好みの量で）

モロヘイヤ

ハラペーニョ

紫玉ねぎ

甘長とうがらし

ナス、オクラ

つるむらさき

豚バラ肉薄切り

ゴーヤ、梅干し、鰹節

POINT

その他、紫蘇やネギ、きゅうりなど夏野菜ならなんでもOK。ネバネバ系野菜が入ると食べやすい。

トロトロネバネバナムル

RECIPE

1- 白ナスは半分に切り、トースターやオーブン（200℃）、魚焼きグリルなどで10分程度、皮が焦げるまで焼く。冷ましたら皮をむき、手で食べやすい大きさにさく。

2- つるむらさきの茎は斜め切り、葉は手でちぎる（P79参照）。沸騰したお湯で、茎は30秒、葉は入れてしんなりしたらすぐに出して冷やす。オクラも茹でて2cm幅に切る。

3- 普通のナスは縦に2cm幅に切り、長さを半分にし、ごま油（分量外）でしんなりするまでフライパンで焼く。

4- ボウルに**1**、**2**、**3**を入れて、**調味料A**を合わせて混ぜる。

材料　2人分

白ナス --- 1個
普通のナス --- 1本
つるむらさき --- ½束
オクラ --- 3、4本
調味料A
ごま油 --- 小さじ½
醤油 --- 小さじ2
お酢 --- 小さじ½
塩 --- 2つまみ
七味 --- 適量

POINT

すべての材料を柔らかくしすぎない方が美味しい。つるむらさきも固めに茹でよう。

トマトと甘長のカレー炒め

RECIPE

1- トマトと甘長とうがらしを1口大に切る。

2- みじん切りにしたにんにくとスパイスシードを弱火で香りが出るまでオリーブオイルで熱する。

3- ひき肉を**2**に入れ、色が変わるまで中火で炒める。

4- 甘長とうがらしを入れ、皮に焼き目がつくまで炒める。

5- トマトを入れ混ぜ合わせたら、塩とカレー粉を入れる。

6- 別のフライパンを熱し、トルティーヤに少し焼き目がつくまで焼く。

材料　トルティーヤ4枚分

トマト --- 200g
甘長とうがらし --- 5本
合い挽き肉 --- 100g
にんにく --- 1かけ
カレー粉 --- 小さじ2
塩 --- 小さじ½
オリーブオイル --- 大さじ1
トルティーヤ --- 4枚

POINT

お好みでチーズをのせても美味しい。クミンが苦手ならカレー粉のみで仕上げて。

肉味噌納豆うどん

RECIPE

1- にんにくとネギをみじん切りにし、フライパンに油をひき（分量外）香りが出るまで炒める。

2- ひき肉を入れて中火で炒め色が変わったら、**調味料A**加えて水分が飛ぶまで炒める。

3- きゅうりを5mm幅の短冊切りにする。

4- うどんを茹で、水で締めた後、ごま油を入れくっつかないように混ぜ合わせる。

5- うどんに肉味噌と納豆、きゅうりをのせて、お好みでラー油をかける。

材料　2人分

ネギ（白い部分）--- 1本
にんにく --- 1片
きゅうり --- ½本
豚ひき肉 --- 140g
納豆 --- 1パック
うどん --- 2玉
ごま油 --- 適量
ラー油 --- 適量

調味料A　2人分

オイスターソース --- 大さじ2
豆板醤 --- 小さじ2
酒 --- 大さじ2
味噌 --- 大さじ1
ピーナッツバター --- 大さじ1

POINT

きゅうりが薄いと食感がなくなるので、多少雑に切るくらいがちょうどいい。

「なんでもない日」は、旬野菜

——料理の呪いからの解放

子どもの頃から「不思議の国のアリス」が好きだ。

その世界では「なんでもない日おめでとう」と誕生日以外の３６４日を祝う。昔よく母と「今日はなんでもない日だ」「おめでとう！」と言い合った。もちろんケーキはない。いたって普通のご飯である。

でも、八百屋を始めてみてハッとした。もはや「なんでもない日」はこの世から消えてしまったのだろうか、と。みんないろんなことを考えて買い物をしていた。昨日とは違うものを、健康的なものを、品目は〇種類以上で、彩りも鮮やかに、日持ちがするものを……。やることも考えることも多すぎる。興味を持って、楽しんで作るのはもちろんいいことだ。でも「ちゃんと作らなきゃ」と思ってしまうなら、これはまるで呪いだ。味付けの呪い、盛り付けの呪い、保存の呪い、バリエーションの呪い。私も八百屋を始めるまではそうだった。

私をその呪いから解放してくれたのが「旬」という概念だった。全てを単純にしてくれる魔法。今目の前にある、一番美味しいものを食べるだけ。とはいえ、どこに行っても当たり前にいろんな野菜が並びすぎて、どれが旬だかわかりづらくなった。たくさんの中から選べることが幸せな時もあるけれど、そのせいで無駄なことが増えることもある。だから、私は選ばない。旬にまかせるのだ。これだけで料理はぐっと楽になる。

まず旬の野菜は味が濃い。味を付けるというより「味を添える」感覚である。とりあえず、焼いて塩、もしくは醤油。「焼く」を「揚げる」に変えれば、これで4通り。「茹でる」も入れたら6通り作れる。味は、食べ始めてから考えればいい。保存のこともほぼ考えない。旬のものは野菜自体に体力があるし、近場で採れるということだから、鮮度も良く日持ちもいい。そして旬の間はたくさん出回るので、価格も高くなりづらい。夏の美味しいズッキーニを、ただ焼いて食べるのは最高だ。次の日はパスタに入れてみたりする。冬はこれが里芋に変わる。料理とは呼べないかもしれない。でも美味しいからもうそれでいい。

反対に季節外のものは、スジが多く固かったり、味が薄く苦かったり、日持ちもよくない。それらを美味しくするには技術が必要だ。だから私は基本的には旬の野菜しか調理しない。欲しいものがシーズン前なら旬になるまで待つ。「飽きない？」と思うかもしれない。でも美味しくない、時間もかかる、価格も高い、そんな思いをして季節外のものを食べるくらいなら、本当に美味しい旬のものを繰り返し食べている方がよっぽどいい。もしくは外食で、技術のある人が作った料理を食べる。それに、もうすぐあれが始まるな、と心待ちにすることは、なかなか悪くない。むしろ楽しい。一年中咲いている桜があったら、その良さはきっと薄まってしまうだろう。野菜だって同じだ。

「何もしなくてもいいんだ、って料理が楽しくなりました」とお客さんに言われた時はとても嬉しい。「料理」はいろんな工程を経て「上手に」作ること、と思われがちである。それはそれでいい。上手にできたら嬉しいし、上手になるに越したことはないのだろうし、料理すること自体が楽しみになることもある。でも目的が「満足」なのであれば、ちゃんとしている必要はない。旬に合わせて、なんでもない日のなんでもなく作るもの、それがまあまあ美味しい。こんな日が多いのが一番幸せなのじゃないかと私は思うのだ。さあ、呪いを解いて、なんでもない日、おめでとう！

秋

かぼちゃの甘みで運試し

思ったよりたくさんのかぼちゃの品種があるものだ。味やホクホク感が少しずつ違う。調理方法はバターナッツかぼちゃとそうめんかぼちゃ以外はほぼ一緒だ。甘みに関しては品種というより農家さん次第で、見極めるのは難しい。

基本的に採れたては水分が多く甘みが少ない。1ヶ月以上追熟した方が甘くねっとりするため、へたの切り口がよく乾燥しているものを選ぶといい。とはいえ、食べてみるまでわからない。もしすごく甘くて美味しいかぼちゃを見つけたら、保存もきくので買いだめもいいかもしれない。その甘みは運次第なのだから。

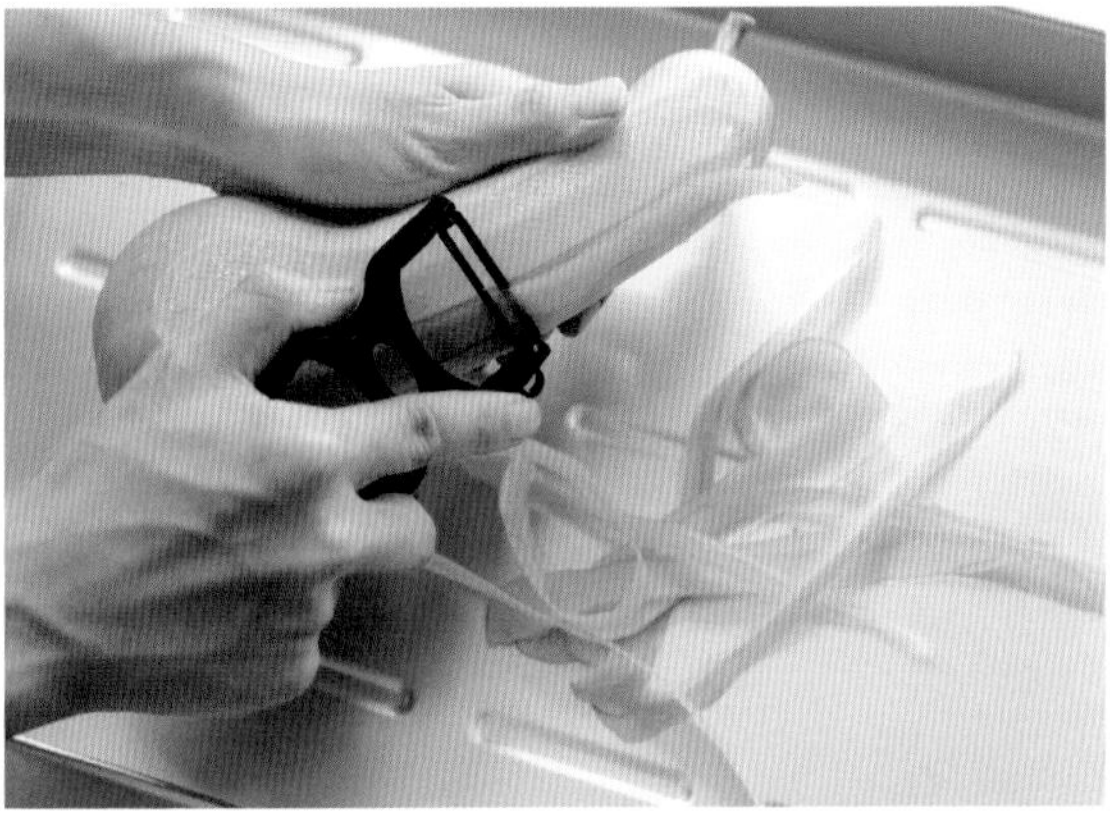

濃厚な新種、バターナッツかぼちゃ

ひょうたんそっくりだが南アメリカ原産のかぼちゃ。ホクホク感は全くないが、その名の通りバターとナッツのようなコクが特徴。グリルやポタージュがおすすめ。煮るのは向かない。皮はピーラーでむけるので、このままさらに実まで薄くスライスし、サラダやマリネで生食も可能だ。

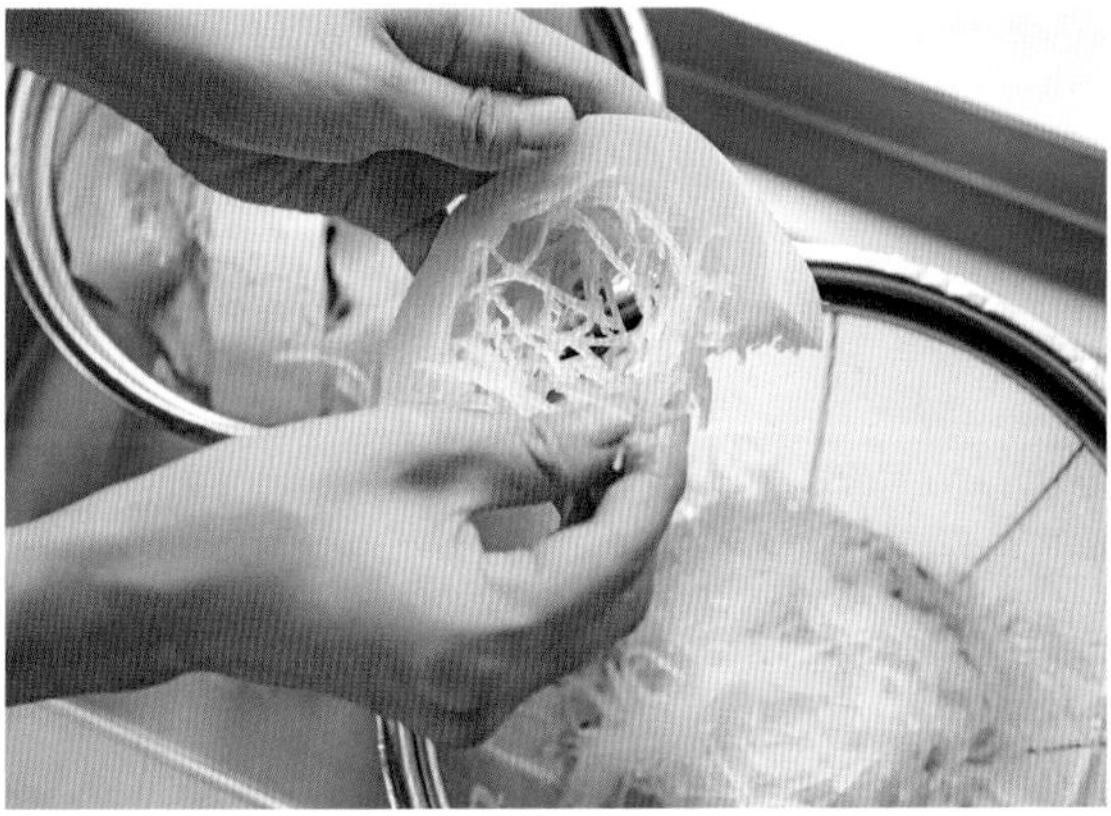

茹でてびっくりそうめんかぼちゃ

嘘みたいだが、半分に割って茹でると、本当に中身が素麺のようにほぐれる。あっという間に山盛りの金の糸。そう、別名は金糸瓜《きんしうり》と言う。ホクホク感や甘みはほぼない。あっさり、シャリシャリがこのかぼちゃの特徴。ナムルやサラダ、スープなど春雨のように使うといい。

嫁の自由と秋ナスと

「秋ナスは嫁に食わすな」という古くひどい諺《ことわざ》は、秋ナスは柔らかくて美味しいから嫁にあげるな！という嫁いびりの言葉だ。時は変わって今は令和。家事に育児に仕事に飛び回り、一歩引く「家内」や「奥様」ではもうない。秋ナスだって好きに食べられる。しかし、この諺には別の解釈がある。「秋ナスは体を冷やすからお嫁さんにあげないで」という優しさだという説だ。昔の義母たちは自由なんてない限定された世界を、ただ必死に生き抜いた。自由になれなかった嫉妬と、いずれ同じ運命を背負う人への祈り。秋ナスのこの諺は実に優しく、切ない想いを孕んでいたのかもしれない。

ひとつのナスをとっても切り方次第で、その食感は随分変わる。いろんな切り方でナスを食べてみよう。基本的に秋ナスは柔らかいので、あまり小さく切らずに、そのトロトロ感を楽しむのがおすすめだ。

末広切り

火通りが早いのが特徴。衣をつけて揚げればサクサクとクリスピー。間にトマトやベーコンを挟んでグリルも。

乱切り

断面が多いので、火通りや味の染み込みが早い。味の濃い中華系炒め物はこれをよく使う。火が通ると縮むので、大きめでOK。

切り込み入り

網目状に入れることで、味がよく染み食感もよりジューシーに。焦げ目も綺麗につくのでステーキにおすすめ。

輪切り

一番スタンダードな切り方。薄さを調節しやすいので、パスタやお味噌汁の時によく使う。間にひき肉や大葉を入れた挟み揚げにも。

短冊切り

箸で掴むとくたっとするのが秋ナスらしくていい。蒸してさっぱりマリネなど、味をすぐによく絡ませたい時に。

大きめ縦切り

フライや天ぷら、揚げ浸しなど油でしっかり揚げる時に使っている。大きいので食べ応え抜群。

レタスは生で食べない派

レタスと言えば鍋ですよね、と言うと初めてのお客さんには驚かれる。うちの店では定番で、レタスが始まったら「ああ鍋の季節だね」とみんなが言う。最近サラダで食べた記憶がないくらい、レタスは生で食べない派である。

サラダで食べる量は限界があるけれど、鍋にするとあら不思議、一人1玉くらいはペロリと食べられてしまう。なのに胃もたれしない。和風、中華、エスニック、どんなスープでも合い、とにかく万能。火を通しすぎると色が悪くなるので、しゃぶしゃぶ感覚でさっと、そのシャキシャキ食感を楽しもう。ようこそレタスは鍋派へ。

レタスだっていろいろ

レタスの種類は大きく分けて二つ。結球する玉レタスと葉レタス（サニーやフリル）だ。ロメインレタスはゆるく結球するのでこの二つの中間。そして、玉レタスは淡色野菜だが、なんと葉レタスは緑黄色野菜なのだ。食感も栄養素もそれぞれ違うので、料理によってお好みのレタスを探すのも楽しい。

焼くのも美味しい

鍋にはちょっと暑いなという時は、焼きレタスがおすすめ。玉レタスやロメインはフライパンでそのままグリルしチーズやスパイスで。簡単にできて食べ応えもあって、付け合わせにぴったり。ちょっと面倒くさいけれど肉巻きも美味しい。どちらもシャキシャキ食感がなくならない程度の焼き加減で。

たくさん集めてもっと美味

木枯らしが吹きはじめる晩秋、きのこ汁が食べたくなったら冬はもうすぐそこだ。菌床栽培のおかげで一年中手に入るきのこだが、やっぱり寒くなると食べたくなるもので、秋冬は夏の倍以上売れる。きのこ汁に炊き込みご飯、酒蒸しと、調理方法は多々あるが、美味しくするコツは「多種類使い」。きのこ汁ならなおさらだ。種類が増えれば増えるほど、それぞれの旨味の相乗効果で、複雑で深い味わいになる。きのこ同士だから味も喧嘩せず、適当にポンポン入れられるのもいい。つるっと、ぎゅっと、ぷりぷりと、食べる度に違う食感に思わず箸が進んでしまうのだ。

なめこ、白舞茸、山伏茸、タモギタケ、しめじ、トキイロヒラタケ、ハナビラタケ

きのこは洗っちゃダメ

一般流通するほとんどの国産きのこは、徹底的に管理された清潔な室内で育つため、使用前に洗う必要はない。必要がないどころか、洗うことできのこの風味が落ちてしまったり、水がつくことで傷みやすくなってしまうこともある。ただし、株のままではない、真空パックされたナメコだけは別。特に日がたったナメコは乳酸菌が増え酸味があるので一度ざるにあけ流水で洗い流した方がいい。ただし、洗いすぎは禁物だ。

だしは水からじっくりと

汁物はお湯が沸いてから具を入れることが多いが、きのこは絶対に水から入れた方が美味しい。きのこに含まれる旨味成分は60～70℃で急増する。そのためこの温度帯をゆっくり通過することが重要だ。沸騰した熱すぎるお湯だとせっかくのきのこだしが出ないことがある。じっくり加熱し本来のきのこのだしがちゃんと出れば、他のだしがいらないほどしっかりした味となる。

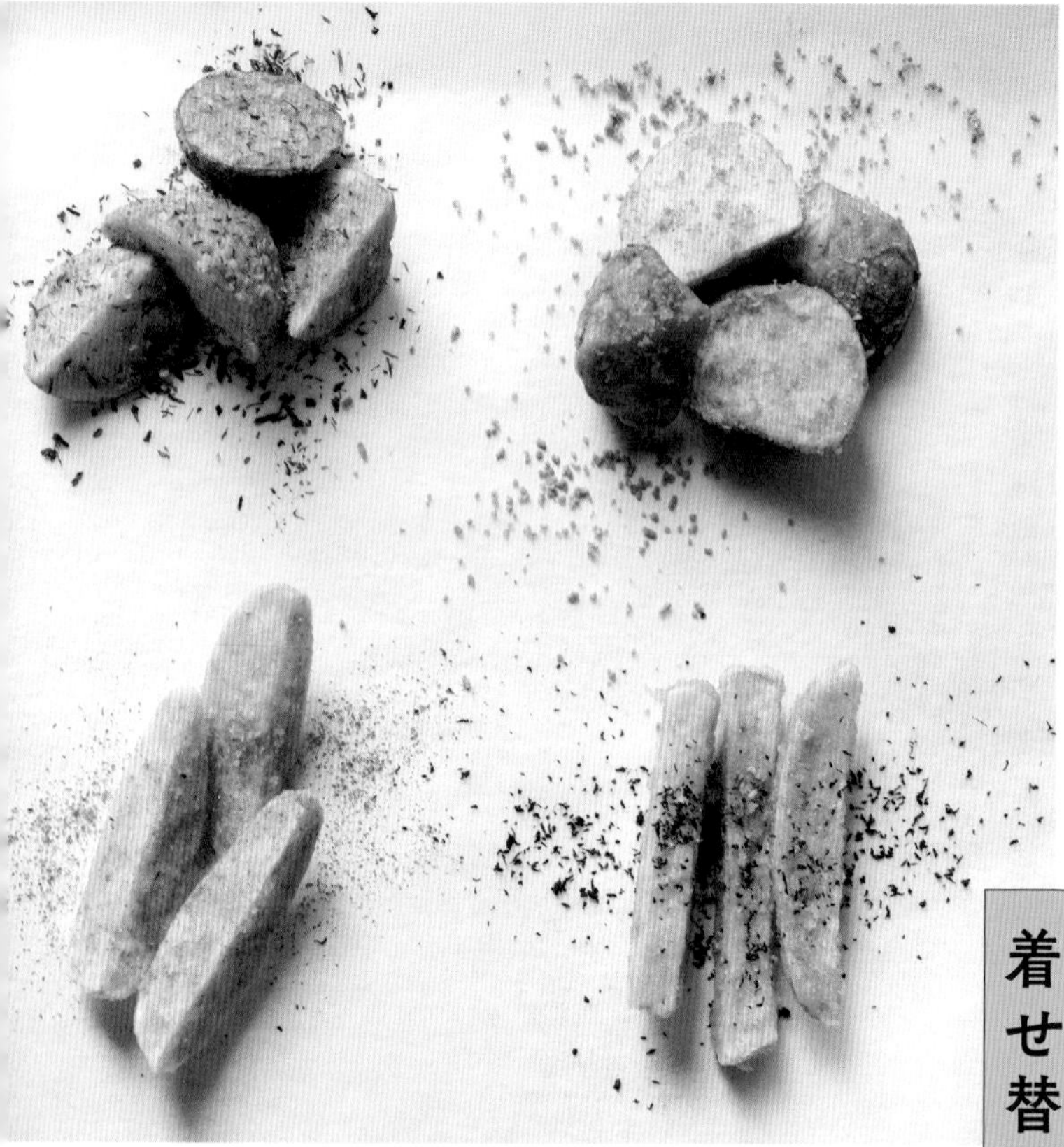

着せ替えポテトフライ

ピーマンの青臭いのがダメ、しいたけの匂いが苦手、などなど誰でも苦手な野菜が一つはある（あった）だろう。味の好みは千差万別、しかたない。しかし「じゃがいもが嫌い」という人にはまだ一度も会ったことがない。老若男女どの年代も関係ない。日本も欧米もアジアもアフリカも、世界中どこでもみんなが食べている。いわば世界共通の野菜だ。

芋の種類は全世界で２０００種あるといわれ、日本に流通するだけでも20種を超える。そのうえ調

1	2	3
4	5	6

1. カラフルじゃがいも

むらさき芋のようなシャドークィーン、ピンクのノーザンルビー、黄金色のレッドムーン

2. 青のり

焼きそばにかける青のりをポテトにも。ポテトチップ気分を楽しんで

3. コンソメ

揚げたてをボウルに入れて一緒に和えれば完成。甘みがあって食べやすくおやつにピッタリ

4. ローズマリー&にんにく

ポテトを揚げる時に一緒に油に入れて香りを移す。香ばしく付け合わせにもちょうどいい。

5. チリパウダー

ピリッと辛味を足しておつまみに。サワークリームと合わせるとなお美味しい。

6. ゆかり

さっぱりとした風味が美味しい。和風だが、クリームチーズと一緒に食べても美味しい。

理方法も味付けも多種多様。焼く煮る炒める茹でる、甘く辛く酸っぱく。これらと品種を掛け合わせたら一体何通りあるのか。でも、そんなじゃがいも料理でも一番人気なのが、このフライドポテトではなかろうか。ただ、芋を揚げる。なのにこんなにも美味しい。

普段の味にちょっと飽きたら、フライドポテトの着せ替えをしてみよう。珍しい芋を使ったり、家にある調味料を振りかけてみたり、ディップを作ってみる。揚げ時間や衣に凝ってみるのもいい。それこそ、各国のフライドポテトを調べてみても楽しい。可能性はまだまだ無限大。フライドポテトが、きっともっと好きになる。

苦い春菊はあまーく食べる

濃厚なチーズケーキには苦くて濃いコーヒーがベストなように、春菊もまた甘いものとの相性が最高である。他にも苦い野菜はあるけれど、春菊ほど相性がいいものはない。それはこの独特の香りのおかげだろう。そういえば苦いと甘いの組み合わせは大人になってから覚えた楽しみだ。子どもの頃は味覚が敏感なため、大人の何倍も苦味を感じるという。つまり、苦さを美味しいと感じるということは、味覚がボケてきているということになってしまう。そう思うと少し悲しくもなるのだけれど、この大人味を楽しめるのだから、もはやボケるのも悪くないと思うことにしている。

白くて甘いものと春菊

ホットケーキミックスにホワイトチョコと春菊を混ぜて焼いた、簡易スコーンがお気に入り。ほんのりした苦味が抹茶のようで、チョコレートと相性抜群。クリームチーズでもOK。焼きたては春菊の香りとチョコの甘い香りが立ち込め、簡単に美味しいおやつの完成。

オレンジ色の果物と春菊

秋になると食べたくなる柿と春菊のサラダ。ホワイトビネガーでさっぱりと仕上げる。白和えにしても美味しい。その他、杏、アプリコットなどオレンジ色のフルーツとの相性は抜群。フルーツは干し柿やオレンジピールなどドライフルーツでもOK。

果報も芋も、寝て待つべし

果報は寝て待て、と言うが、さつまいもも寝て待つのが正解だ。「掘りたて」と聞くと美味しそうに聞こえるが、甘さやねっとりさに限って言えば、掘りたては美味しくない。糖化が進んでいないからだ。さつまいもは収穫後に貯蔵することで、でんぷん質が糖質に変化し、甘みとねっとりさが増していく。鮮度よりも熟成具合が美味しさの鍵なのだ。そのため収穫時期は9月から11月だが、一番甘くなるのは1月から2月頃と言われている。薩摩（鹿児島）の芋の名の通り、寒さに弱い。追熟する際は、外は避け新聞紙などにくるむ。多湿や水濡れも厳禁なので、風通しのいい場所で保管しよう。

焼き芋も寝て待て

焼き芋を美味しく仕上げるコツは「ゆっくり火を通す」こと。さつまいもに含まれる酵素により糖質が生成され甘みが増すが、この酵素は60～70度で一番活発になるらしい。オーブンなら160度前後で90分ほどがおすすめだ。今度は焼けるのを寝て待とう。起きたら美味しい焼き芋が出来上がっているはず。

料理にするならアク抜きを

丸ごと蒸したり焼いたりする場合は必要ないが、煮物や天ぷらなど、切って調理する場合はアク抜きをしよう。水にひたして10分ほど待つだけだ。この工程を経ることで、芋の断面が黒く変色するのを防ぎ、調味料も染み込みやすくなる。

実りの秋は勝負の秋

数ある果物の多くが秋に収穫される。まさに、実りの秋。野菜と違って果物の収穫は年に一度。そう、秋は果物農家にとって勝負の時。とはいえ秋以外も忙しい。病気に悪天候に獣害、乗り越える壁は数知れず。失敗すればチャンスはまた1年後。なんたるハイリスクなのか。ようやく実がなったのに、盗難に合うなんて心痛むニュースも見かける。盗まれた品種の類似品が海外で作られ、安い価格で出回るなんてことも耳にする。それほどに、日本のフルーツはレベルが高く、価値があるのだ。我々が食べている甘く美しいその一粒は、数々の苦難を乗り越えた、誰かの1年の結晶なのだ。

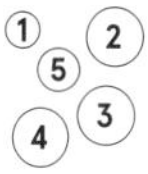

1. 柿 + クリームチーズ + 生ハム
2. ぶどう + ブルーチーズ + ナッツ + 白ワインビネガー
3. 梨 + モッツァレラチーズ + レモン + ハーブ
4. イチジク + パテドカンパーニュ
5. りんご + 紫キャベツのコールスロー

甘いフルーツをしょっぱく食べる

デザートに、おやつに、朝ご飯に、あらゆる時間で大活躍のフルーツ。とにかく、そのまますぐ食べられるのが、その人気の所以だろう。でもたまには、ちょっと一手間&しょっぱく食べるフルーツはいかがだろうか。チーズ各種や赤身やレバーなどの重ためのお肉、白ワイン&赤ワインビネガーなどと相性がいい。美味しいオリーブオイルも欠かせない。

意識高くない系 ケールの食べ方

アメリカの面白いインタビューを見た。ＮＹの街の人にＬＡの人を真似てもらうと、高頻度で言う台詞が「ケールサラダもらえる？」だった（ＬＡの人がＮＹの人を真似ると高カロリーのピザを頼む）。

　ＬＡは健康意識が高くビーガンやグルテンフリー文化が進んでいる。そんな人々と街を表すのが「ケール」。そう、意識高そうな野菜の代表なのだ。健康は気になる、でもポテトチップが大好きな自分も否定したくない。そんなとき意識高くない自分のまま美味しく食べられる。それがこのケールチップなのだ。

オイルはボウルでなじませて

焼く前に手で揉み込むようにしてオイルを混ぜるのがポイント。この一手間でケールに均等にオイルが行き渡り、余分に油を使うこともなくなる。ケールチップだけでなく、オーブンなどで野菜を焼く時は、ボウルで一度なじませる方が綺麗に焼ける。

オーブンに放り込むだけ

重ならないように天板に並べ、150 度に予熱したオーブンで 15 ～ 20 分焼いたら完成。電子レンジの場合は耐熱皿に並べ、ラップをせずに 5 ～ 6 分熱して水分を飛ばす。カリカリになったら、塩やハーブソルトを振って完成。保存は難しいので食べきりで作ろう。

まるでパン工房、菌床栽培

ちょっとギョッとする見た目だが、国産きのこのほとんどはこの菌床栽培で作られている。菌床とは木のチップや米ぬか、フスマ（小麦の外皮）などを混ぜ合わせて固め、きのこの菌を打ったものだ。これがあればどこにいても安定的にきのこを栽培できる。しかし、その味は菌床のブレンド次第。どこで育った何の木のチップを使うのか、米ぬかやフスマはどれくらいの割合か、見えない部分に作り手のこだわりが詰まっている。さらに温度や湿度、どんな環境で育てるかも重要だ。その様はまるで天然酵母のパン工房。簡単に見えて、奥が深い菌の世界だ。

発明は、人を想う心から

生産が安定しない栽培法しかなかった中、世界で初めて確実な人工栽培法を発明したのが、きのこの巨人といわれる森喜作だ。1930年頃、とある山村で貧困にあえぐ農夫が、しいたけの原木の前に跪き、きのこが生えるよう必死に祈っていた光景が、その研究のきっかけだという。彼のおかげでしいたけの生産は安定し、数知れない農家たちが飢えから救われ、日本のきのこの人工栽培は飛躍的に進化した。「我農夫の祈りに開眼す」という喜作の言葉が残っている。画期的な発明は、誰かを助けたいという強い想いから、育つものなのかもしれない。

産地表示の罠

普通「原産地」とは収穫された場所をいう。野菜や果樹は、栽培と収穫が同じ畑で全てが行われているからだ。しかし、菌床の場合は違う。その法の抜け穴を使い、外国で作った菌床で、収穫だけ国内でしたものを国産と記す「外国産の国産風きのこ」があまりにもたくさん流通するようになってしまった。ようやく令和4年から菌床製造地を原産地と表示するよう法律が変わった。我々が国産だと思って買っていたきのこは、もしかしたら外国産だったかもしれない。

似て（全然）非なるふたり

野菜が全然好きじゃないのに、野菜の仕事を始めた仲間がいる。最初は小松菜とほうれん草の見分けがつかなかった。売り場ではいつも隣に並んでいるし、見た目も似ている！　と言うのが彼の主張。どう違うのか、私なりの解釈はこうだ。まず甘くしたいかどうか。白和えやパン、甘めのものならほうれん草、だからバター炒めもほうれん草。オイスターソースなど濃いめなら小松菜だ。次に食感。おひたしなど柔らかくしたいならほうれん草。炒め物でシャキシャキなら小松菜である。こうしてみると全く似ていない。前述の彼も3年経った今は、しっかり上手にこの二つを使い分けている。

ほうれん草はアク抜き必須

ほうれん草のエグ味の正体はシュウ酸である。そのためアク抜きが必須。熱湯で茹でるか、面倒な時は２～３分水につけておくだけでもいい。小松菜はアクがかなり少ない野菜なのでそのまま調理できる。生でも実は食べられるので私はバナナと豆乳とスムージーにしている。

塩じゃなくて砂糖で茹でる

昔料理の達人のような人に言われた「青菜は砂糖で茹でろ」。塩でも砂糖でもアク抜きはできるのだが、砂糖の方が保湿効果がありツヤのある仕上がりに。半信半疑だったが、確かにこちらの方が色が綺麗でしっとりとした仕上がりになる。

やめられないとまらない、茹で落花生

知っている野菜も、食べ方次第で全く新しいものになる。静岡県富士宮の農家さんのところで食べた茹で落花生はそんな体験の代表だ。生産量なら千葉や茨城だが、情熱で言えば富士宮の人も負けていない。「うちはこれくらいの茹で加減」と熱く教えてくれて、富士宮の人が食べすぎるから東京には出回らないのかもしれないと笑っていた。実際に、生落花生は日持ちしないのであまり流通しないらしい。食べてびっくり、３人で１kgをペロリと平らげ、もう１kg追加で茹でた。以来「茹で落花生知ってます？」とお客さんたちに熱く語っている。この情熱は、伝染するのだ。

茹でるなら絶対「おおまさり」

落花生にもいろいろあるが、最も有名で人気が高いのがこの「おおまさり」だ。粒が大きく、普通の落花生の1.5倍程ある。出回る時期は8月から10月と短いが、茹でてしまえば冷凍も可能だ。前述の富士宮の人たちは、夏に採って茹でて冷凍し、お正月に食べるらしい。

洗濯しながら茹で落花生

茹で方は簡単。生落花生がひたひたになるくらいの水を鍋に入れ、その水の3%の塩で約40～60分茹でる。このあと火を止めてそのまま15～30分置き、塩を染み込ませる。この最後の工程で好みの茹で具合に調整する。時間はかなりかかるが茹で上がりは格別だ。茹で時間がちょうど洗濯機の「しっかりコース」と同じと気がついてからは、もっぱら洗濯の間に茹でている。ちょうどいいタイマーになるし、家事が終わった時に、最高のご褒美が待っている。

生き別れども、その名は別れず

しょうがとみょうが、別物とはわかっているが、なんだか似ている。調べてみると両方とも同じショウガ科ショウガ属の植物。みょうがの英名は「Japanese Ginger)」。ともに大陸から入ってきたが、実はみょうがを食用に栽培するのは世界でも日本だけらしい。あんなに美味しいのに、意外である。そしてその名前の由来は、香りが強い「しょうが」を「兄《せの》香《か》」、弱い「みょうが」を「妹《めの》香《か》」とよんでいたのが元になったという。しょうがとみょうが、似ていると思ったのは間違っていなかった。生き別れの兄妹だったのである。

甘酢で美味しく

綺麗な新生姜を見つけたら、ぜひ作りたいのが自家製ガリ。既製品とは美味しさが全く違う。新生姜の皮をむき、熱湯をかけアクを抜き、塩もみして甘酢に漬ける。２日ほどで出来上がりだ。箸休めの他、サラダや和え物、自宅でガリチューハイも楽しめる。みょうがは余ったら甘酢漬けが美味しい。

水につければ長持ち

しょうがは実は水につけて冷蔵保管すると、１ヶ月も美味しさを保つことができる。しょうががかぶるくらいの水と一緒に保存瓶やタッパーに入れるだけだ。水は最低でも1週間に一度交換しよう。冷凍も可能だが、冷蔵の方が料理の温度も下がらず使いやすい。

ネギの分け目も関ヶ原

天下分け目の岐阜県関ヶ原は東日本と西日本のちょうど境目。日本史の運命だけではなく、様々な食文化の分け目でもある。うどんのつゆ、お餅の形、そして野菜でいえばこのネギである。西は上の部分を食べる青ネギ、東は白い部分を食べる白ネギがメイン。

関西出身だけど完璧な標準語を話す友達がいる。彼女が大阪出身とは、言われない限り誰も気がつかなかった。しかし、みんなで鍋を囲んだ時、彼女はネギの青い部分も綺麗に揃えて皿にのせていた。言葉は隠せても、長年の食の習慣はなかなか隠せない。隠れ関西人を見つけるなら、目の前にネギを置くのがいいかもしれない。

拾ったものを食べてみたい

子どもの頃、夢中でどんぐりを拾った。それをを食べるには準備が必須。水に入れて浮いたものは虫に食われているのですぐに捨てよう。どんぐりはアクが強いので、茹でてアクを抜く下処理が必要だが、椎の木のどんぐりはアク抜きがいらないので初心者向けだ。生食もでき、殻をむいて茹でたり、そのまま炒ったりして食べられる。やっぱり面倒くさいと言う方には、どんぐりパウダーなるものも。香ばしく栄養価も高いので、パンやクッキーに。実はどんぐりは縄文時代の遺跡からも発掘されているという。はるか昔から我々はどんぐりを拾ってきた。今更やめられるわけはないのだ。

秋野菜の保存と
おすすめ調味料

葉物が美味しく豊富な時期。余ったものは水気を切ってジッパー付保存袋で保存。食べる前に水に浸けるとさらに元気に戻る。甘いもの、香ばしいものが豊富なこのシーズン。調味料やトッピングも甘く、香ばしいものを重ねてみるのがお気に入り。

1	2	3
4	5	6

1. クリームチーズ

フルーツにかぼちゃにさつまいも。秋の甘い美味しいものに欠かせない。ちょっとのせたり、挟んだり、混ぜたり、簡単に料理にコクをプラス。冷凍保存も可能だが、分離して食感が変わりやすいので要注意。

2. 粒マスタード

芋系やレンコン、きのこなど、秋のホクホクした野菜に香ばしさとアクセントを加えてくれる。根菜たっぷりのポトフやコールスローの香り付けに。和からしほど辛味がないので使いやすい。

3. ドライフルーツ&ナッツ

ちょっと振りかけるだけでリッチな味に。ナッツはフライパンで少しローストすればより香ばしく。ドライフルーツはあらかじめ白ワインビネガーなどに漬けておくと柔らかくなって、より食べやすい。

4. 白ワインビネガー

秋のフルーツを一瞬でサラダにしてくれる優れもの。オリーブオイルとドレッシングに、マリネやカルパッチョに、果実酢だから穀物酢よりマイルドな味で使いやすい。肉の下味に使えば柔らかな仕上がりに。

5. 雑穀・豆

サラダやスープに入れれば、簡単に食べ応えアップ。粒々した食感をトッピング感覚で楽しもう。常温で保存できて、日持ちもいいので常にストック。

6. ジャム

お土産でもらったジャムが溜まってしまったら、お肉のソースに。オレンジやプラムなど酸味系は粒マスタードや白ワインビネガーと爽やかに。ブルーベリーや苺などのベリー系は赤ワインやバターと合わせてコッテリと。

秋のホクホクサラダ

RECIPE

1- かぼちゃは皮をよく洗い種をぬき、さつまいもも洗う。それぞれ蒸し器で竹串が通るまで少し固めに蒸す。

2- さつまいもとかおちゃの粗熱がとれたら、それぞれ2cm角に切る。

3- ボウルに**調味料A**を混ぜ合わせ、**2**を入れ潰れないようにサクサクと混ぜ合わせる。

4- ミックスビーンズの水気を切り、**3**に加え混ぜ合わせる。

5- ハーブ塩と粗挽き胡椒を振り味調え、刻んだナッツをかける。

材料　2人分

さつまいも --- 200g
かぼちゃ --- 200g
ミックスビーンズ水煮
--- 1袋（70g）
ミックスナッツ --- 15g
ハーブ塩 --- 適量
胡椒 --- 適量

調味料A

粒マスタード
--- 小さじ2
オリーブオイル
--- 大さじ1
ハチミツ --- 大さじ½

POINT

蒸し器がなければ、フライパンにザルや耐熱容器を裏返して置き、水を入れて蒸す。

柿と春菊のサンドイッチ

RECIPE

1- 春菊は洗って水を切り、一口大にカットする。茎は太ければ斜めに切る。

2- 干し柿を開いて種を取り除き、1つを2枚に分け、平たく潰す。

※生柿の場合は種を取り除き、1㎝ほどの厚さにカットする。

3- 食パンの表面が狐色になるまで焼く。

4- 焼き上がった食パン4枚とも片面にクリームチーズを満遍なく塗る。

5- そのうち2枚に柿、春菊の順でのせ、残りのパンをのせて挟む。上から少しぎゅっと押して2枚がくっつくようにする。

6- サンドイッチを2つにカットし、皿に盛り付ける。

材料　4カット分

食パン（6切り） --- 4枚
干し柿 --- 4つ（生柿なら2個）
春菊 --- ½束
クリームチーズ --- 約100g

POINT

ホットサンドメーカーがあると、さらに香ばしくて美味しくなるのでオススメ。

ケールときのこの中華オムレツ

RECIPE

1- 玉ねぎはみじん切り、きのこは1口サイズに、ケールは粗みじん切りにする。

2- フライパンに油をひき、ひき肉を炒め塩胡椒を振る。

3- 肉に火が入ったらきのこと玉ねぎを入れしんなりするまで炒め、火を止める。

4- ボウルに卵を割って溶き、**3**、ケール、**調味料A**をよく混ぜ合わせる。

5- 洗ったフライパンにごま油をひいて中火で熱し、**4**を半分流し入れてすぐに火を入れながら軽くかき混ぜる。

6- 固まらないうちにフライパンの片側によせ、折り畳みながら形を作る。

7- フライパンの端で一度ひっくり返し、裏面も焼く。両面が焼けたら転がすようにお皿に移す。

POINT

形が綺麗にならなかったら、スクランブルエッグに。

材料　2人分

豚ひき肉　50g

きのこ（しめじ、しいたけ、まいたけ、平茸などお好みのもの）--- 50g

玉ねぎ --- ¼個

卵 --- 3つ

ケール --- 2枚（飾りの分を除く）

塩 --- ひとつまみ

胡椒 --- 適量

ごま油 --- 適量

調味料A

- オイスターソース --- 小さじ1
- 醤油 --- 小さじ⅔
- 顆粒中華だし --- 小さじ⅔

秋野菜のお味噌汁

RECIPE

みょうがとレタス

1- 豆腐は2㎝角に切り、みょうがは斜め切り、レタスは一口大に切る。

2- 鍋に分量の水、和風顆粒だしを入れて火にかけ、煮立ったら豆腐を加えて1分ほど煮る。刻んだみょうがを加えてトロ火にする。

3- 味噌を加えて溶かしたらひと煮立ちさせて火を止め、レタスを加える。

ナスと油揚げ

1- 鍋に分量の水、和風顆粒だしを入れて火にかけ、煮立ったら1.5㎝幅に刻んだ油揚げを加え、ひと煮立ちしたらトロ火にする。

2- ナスを2㎝の厚さに切り、フライパンに油を多めに入れ揚げ焼きにする。ナスが油を吸って柔らかくなったら、**1**の鍋に入れる。

3- 鍋に味噌を加えてひと煮立ちさせる。

材料　2人分

和風顆粒だし --- 5～7g
麦味噌 --- 大さじ1
水 --- 350㎖
具材① レタスとミョウガ
- レタスの葉 --- 2、3枚
- みょうが --- 2個
- 絹豆腐 --- 1丁（200g）

具材②
- ナス --- 1本
- 油揚げ --- 1枚

POINT

どの野菜も生でも食べられるくらいなので、せっかくのその食感が残るよう、あまり煮すぎないようにしよう。

豚バラのフルーツグリル

RECIPE

1- 豚バラ肉を5㎝角程度にカットし、スライスしたにんにくと**調味料A**を揉み込み、30分以上置く。オーブンは200℃に予熱しておく。

2- りんごをくし切りにし**1**と混ぜ合わせる。

3- 天板にクッキングシートをしき**2**を入れ、予熱したオーブンで20分焼く。

4- 途中で様子を見ながら、天板の向きを入れ替え均等に火が入るようにする。

5- 焼き上がったらハーブを添える。

材料　2人分

豚バラブロック（角煮用）
--- 400g
にんにく --- 1片
りんご --- 1個
ハーブ塩 --- 適量
フェンネル or ディル
--- 適量

調味料A

オレンジ系のジャム
--- 大さじ1と½
醤油 --- 大さじ½
粒マスタード --- 大さじ1と½
オリーブオイル --- 大さじ1

POINT

オーブンがない場合は、豚バラを薄めに切ればフライパンでも調理可能

チーズとパン粉のしいたけボート

RECIPE

1- オーブンを180度に予熱しておく。

2- しいたけの軸を外す。軸は石突を切り落とし、玉ねぎと一緒に粗みじん切りにする。

3- フライパンに油を熱し刻んだしいたけの軸と玉ねぎを炒め、しんなりしたらボウルにあけて粗熱をとる。

4- **材料A**のにんにく、イタリアンパセリ、ナッツをみじん切りにする。パンも包丁で粗みじん切りにする。※パンがない場合はパン粉を使う

5- 粗熱をとった野菜と**材料A**をボウルに入れ、しっかりと混ぜ合わせる。

6- しいたけに**5**をつめ、天板に並べる。オリーブオイル（分量外）を少したらし、オーブンで20分焼く。

POINT

パン粉は家にあるあまったパンを削って使ってもOK。市販のものより食感があって美味しい。

材料　6～8個分

パン（食パン、バゲットなど）
--- ½カップ分

しいたけ（中サイズ） --- 6～8個

玉ねぎ --- 1/4個

材料A

- 卵 --- 1個
- にんにく --- 1片
- クリームチーズ --- 30g
- 溶けるチーズ --- 大さじ2
- ミックスナッツ --- 大さじ1
- イタリアンパセリ --- 1、2枝分
- 塩胡椒 --- 各少々

青菜のあんかけうどん

RECIPE

1- 小松菜を2㎝幅で刻み、葉と茎の部分をざっくり分ける。

2- フライパンに油（分量外）をひき、ひき肉を入れ、肉の色が変わるまで中火で炒める。

3- **調味料A**と小松菜の茎を入れ、ひと煮立ちしたら葉の部分も入れしんなりするまでなじませる。火が入りすぎると食感がなくなるので、茎がシャキシャキしている程度にする。

4- 大さじ2の水で溶かした片栗粉を少しずつ入れ、とろみをつけたら火を止める。

5- うどんを茹でる。茹で上がったらザルにあげ、お椀に移し、**4**をかける。

材料　2人分

小松菜 --- 3束
豚ひき肉 --- 100-120g
うどん --- 2玉
片栗粉 --- 大さじ2
調味料A
和風顆粒だし --- 大さじ1
水 --- 300㎖
醤油 --- 大さじ2
砂糖 --- 大さじ1
おろししょうが --- 小さじ½

POINT

小松菜のシャキシャキ食感が残る方が美味しい。火を入れすぎない様にしよう。

秋の薬味と貝柱の焼きおにぎりスープ

RECIPE

スープの作り方

1- ネギ、しょうが、みょうがは千切りにする。

2- 鍋に**調味料A**を入れて火にかけ一煮立ちさせたら、ほたての貝柱の缶詰を汁ごと入れ、塩胡椒で味を調える。

焼きおにぎりの作り方

1- ご飯を2等分にし、おにぎり型に握る。

2- **調味料B**を合わせおにぎりの表面にぬり、アルミホイルをひいたオーブントースターで5分焼く。一度取り出して再度**調味料B**をぬって、オーブントースターで5分焼き、裏面も同様にくり返す。

3- 温めたスープを焼きおにぎりにかけ、ネギ、しょうが、みょうがを盛り付ける。最後に黒胡椒を振る。

POINT

片栗粉を溶かせば、あんかけ風に。卵を溶いて入れれば、食べ応えアップ。

材料　2人分

暖かいご飯
--- お茶碗1杯分(300g)
ほたて貝柱缶詰
--- 1個(約100g)
みょうが --- 2個
しょうが --- 1片
ネギ --- ¼本
塩胡椒 --- 少々

スープの調味料A

顆粒中華だし
--- 小さじ1弱
水 --- 400cc
醤油 --- 小さじ1

焼きおにぎりの調味料B

醤油 --- 大さじ1
みりん --- 小さじ2

美味い野菜とチアリーダー理論

——有機野菜だから、美味しいのかについて

「有機野菜は美味しいですよね」。そう言われる度に、心の中で何かがひっかかる。それはＹＥＳではあるけれど、イコールではないからだ。うちでは有機やそれに準ずる栽培方法（栽培期間中農薬化学肥料不使用や特別栽培）の野菜を主に扱っているが、みんな美味しい。マルシェなどで出会う野菜も、そういったこだわり栽培の農家さんのものが美味しいことが、多い。しかし、あくまで「多い」なのだ。多いとイコールは似ているようで全く違うものだ。でもこれじゃ、ぱっと聞かれた質問の答えとしては、時間がかかりすぎるし、堅くてキャッチーじゃなさすぎる。何か良い説明はないものか。

　有機野菜とは化学的に合成された農薬や肥料を使わずに作った、と認定された作物のことをいう。しかし、それは美味しさには直接的に関係は、実はない。正直、有機栽培でも美味しくない時はあるし、農薬や化学肥料を使っても「これは食べて欲しい！」と思うような野菜もたくさんある。あくまで化学的かどうかというだけの問題で、どんな栽培方法だろうと、いつどのタイミングで追肥をするとか（しないとか）土をどんな状態にするのかなどなど、農家さんのセンスとやり方次第で味はかわる。八百屋を始めるまで思っていた「有機栽培＝美味しい」は微妙に間違っていたのだ。そこで、たどり着いたものが「チアリーダー理論」だった。

　チアリーダーは美しい人が多い（私の主観だが「美味しい」だって主観なのだから、話の便宜上、一旦ここでは許して欲しい）。でもこれは「チアだから美しい」のではなく、チアを始めることで、体を鍛えたり、人前に立つ機会が増えたり、ハードな活動の中に

も喜びを感じ、自ら鍛錬したりする。そんな風に何かを懸命に続けているその生き様があって、その結果美しいと感じるのだ。私が明日チアサークルに入ったからってすぐ美しくなるわけではないのだ。ちなみに、なんとなくチアリーダーを選んでいるが、女優でも、先生でも他のものでもいい。要はその人やモノのカテゴリーは、必ずしもそれが持つ事実と常にイコールではないということだ。

　言い換えれば、「栽培方法にこだわっている農家さんの野菜は、結果的に美味しいことが多い」これが一番近いと思っている。例えば有機栽培の場合なら、使える肥料が限られる↓土の状態を研究する↓土地にあった品種を探す……いろいろ試行錯誤した結果、美味しい野菜ができる。と、こんな感じだ。風が吹けば桶屋が儲かるじゃないけれど、見えない過程がたっぷりあるのだ。ということは同時に、農薬やなんやらを使っていようと、覚悟を持って野菜と向き合い、工夫を凝らし、鍛錬している人の野菜は美味しい、とも言える。これが今は自分の中で一番しっくりきている。だが、なかなか農家さんの全てのこだわりや味を最初から知ることは私の規模では難しい。だからうちでは有機栽培をメインに農家さんを探すようにしているのだ。

　栽培方法は一つの切り口であって、産地とか、農家さんの人柄とか、会社のコンセプトとか、きっかけはなんでもいい。大切なのは、それが世間で何にカテゴライズされるかよりも、どんな場所で、どんな人がどんな風に作っているか、もしくは、誰がどんな風に売っているのか、そしてそれを「自分がどう思ったのか」だ。カテゴリをあてにせず、目の前に本当にあるものや直感を信じて選んで欲しい。そんな風に野菜を選ぶ人が増えること、それが美味しい野菜が世の中に増えることに、結果的につながる。そう最近思っている。

冬

で、結局は何して食べるの？

カラフル大根

お芋にごぼうにきのこたち。茶色くて土っぽい野菜が売り場を埋め尽くしてしまう冬の野菜売り場。そこにやってくる、華やかでカラフルな大根たちに、売る私たちもお客さんもテンションが上がる。写真は上から、ちょっと辛い紅芯大根、甘くてフルーティなビタミン大根、赤カブのような紅くるり大根、柔らかで甘みもある紫大根だ。おすすめの使い方は？　サラダ、お漬物？　確かに見た目の綺麗さから考えるとそうなる。でも実はもっと使い道がいろいろあるのだ。冬のお皿を彩る十人十色の大根たちの実験開始。

酢漬け & 大根おろしで

お酢に漬けると更に鮮やかに。紫はピンクに、紅くるり大根は他の素材を染めてしまうほど赤くなるので酢漬けの際は要注意。おろしにしてもほぼ色は変わらない。味は緑と紫よりはピンク系の方が辛い。皮は薄いので基本的にむかずに生食できる。（写真左から紅芯大根、ビタミン大根、紅くるり大根、紫大根）

緑と紫は加熱もおすすめ

つい生食が多くなってしまうが、ビタミン大根（緑）と紫大根は甘みが多く加熱調理もおすすめ。緑はスープが相性抜群。香港料理のスープには欠かせないらしい。紫は少し色が抜けるがステーキがおすすめ。汁物に入れると色落ちしスープが濁ることがあるので要注意。

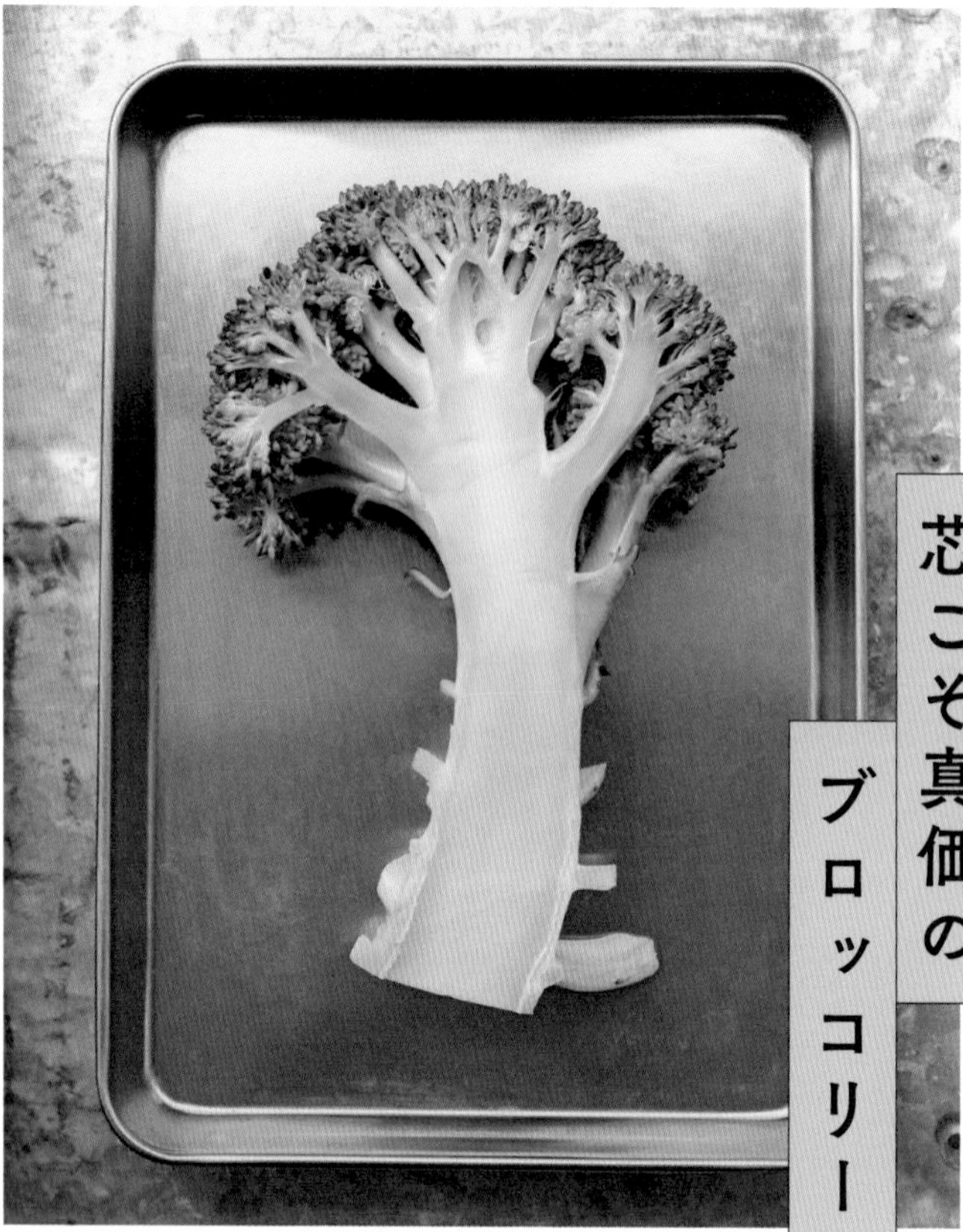

芯こそ真価のブロッコリー

ずっと探していたブロッコリー専業農家さんと出会えた。ブロッコリー専業の農家さんが少ないうえ、味の良さもとなるとなかなかいない。すごいのは芯までがちゃんと美味しいことだった。断面が瑞々しく、詰まっていて重みがある。黒く穴が空いているものなんて一個もない。茹でて食べればまるでじゃがいものようで、途中から芯の方が楽しみになったくらいだった。ブロッコリーの上の緑色の房の部分は、部位としては蕾にあたる。芯はその蕾を育てるための根幹。美味しい蕾を作るには、その茎も美味しくなくてはならない。つまり芯のクオリティ＝ブロッコリーの美味しさなのだ。

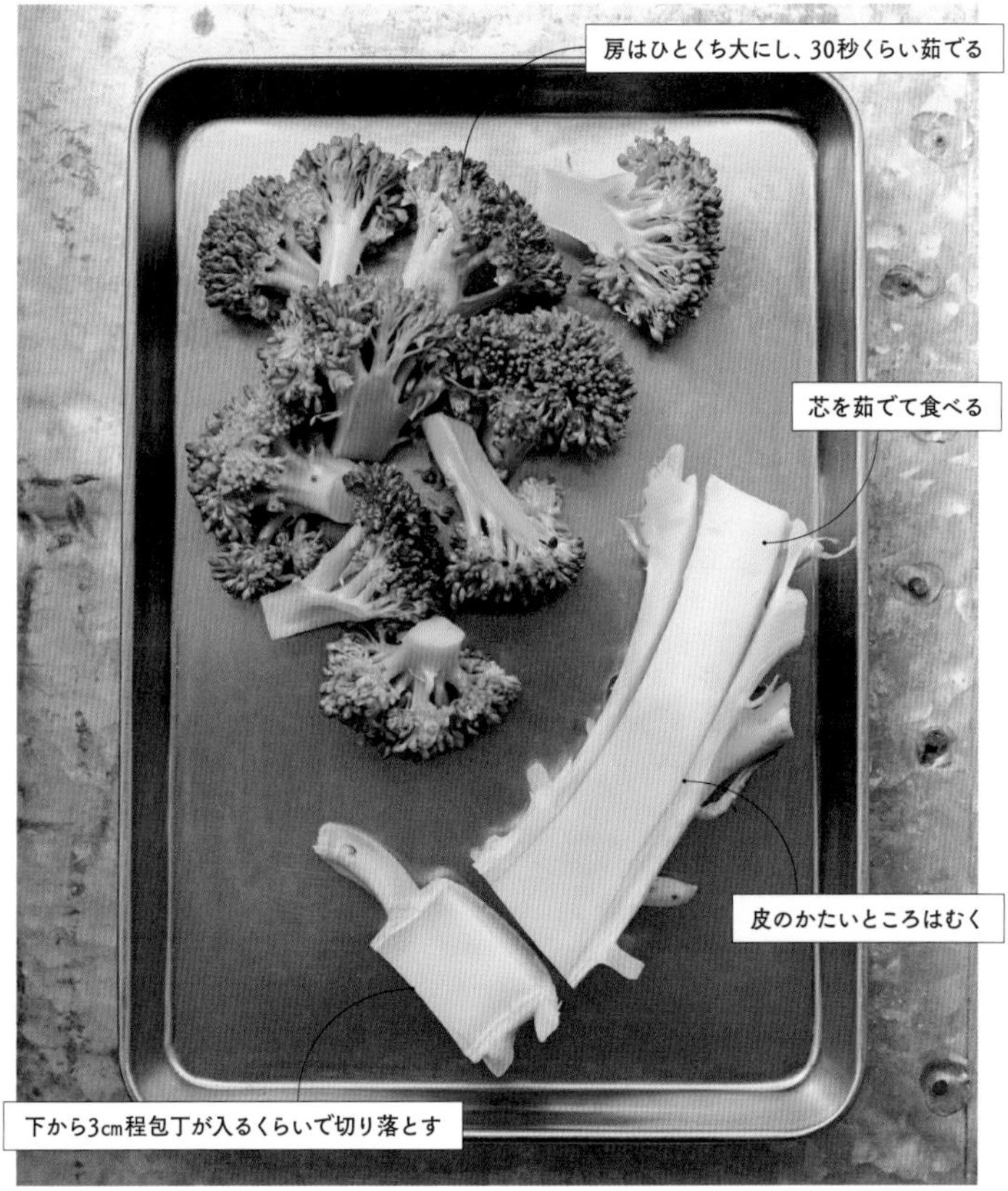

茹ですぎは厳禁

ブロッコリーが苦手な人のほとんどが嫌いなのがその「もさもさ感」だろう。でもそれは茹ですぎなのかもしれない。蕾は柔らかく火が入りやすいので、思ったより少し早めに茹で上げるのが美味しく茹でるコツだ。

芯こそ美味しいところ

芯は茹でても炒めても美味しい。根元は固くなっているので、包丁が入る場所で切り落とす。皮もかなり厚めなので、色が変わっている部分までは包丁で削ぎ落とす。房より時間がかかるので芯を先に茹でる。

鍋のだしの新定番、ごぼう

鍋のだしといえば、鰹に昆布、鶏に牛に海鮮。そこにぜひ加えていただきたいのだ、ごぼうを。昔、ごぼう農家さんが教えてくれた調理方法がこのごぼう鍋だった。鍋の具材のとしてじゃない。だしがごぼうだ。びっくりするくらい、いいだしが出るのだ。そして、もちろん食べられる。ごぼうを薄く切りアクを抜き、塩と薄口醤油と酒とみりんで仕上げるのが基本形。お好みで鶏ガラや鰹を少し足すのもいい。うちではレタス鍋と合体するのが定番だ。鍋の湯気とともに立ち込める、ごぼうの香ばしさと土の匂い。まるで寒い中で薪を焚いた時のようで、香りから体を温めてくれるのだ。

下処理はやりすぎ厳禁

野菜の泥はつい綺麗にしたくなるけれど、ごぼうに関してはやりすぎ厳禁。あまりゴシゴシやりすぎて皮を落としすぎると風味も消えてしまう。流水で泥を落とした後の、アク抜きのやりすぎも同様。買う際はなるべく洗いごぼうより泥付きを選ぼう。

ピーラーで根菜を鍋仕様に

ささがきもいいけれど、ピーラーで薄くする方が鍋の時はおすすめ。火通りが早く、しゃぶしゃぶなどにも良く合う。人参や大根など、ごぼう以外の根菜も同じように薄くすれば鍋にぴったり。葉物よりも野菜のだしが良く出るので、深い味が楽しめる。

足したのに引き算
不思議な最強調味料

あと少し、何か足りない。塩でも砂糖でもスパイスでもない。料理の最後にそう思う時、その多くがレモンの存在で解決する。「お酢でもいいの?」となるが、それは違う。求めているのは単なる酸味ではなく、皮に含まれる苦味や果実のフルーティーさ、その全てがあって成り立つ「レモン味」なのだ。酸味を加えるというより、奥底に眠っているそれぞれの良さを、グイッと引っ張り出して来てくれる頼もしい助っ人のようだ。元にあった素材や味付け、バラバラのものを接着することで新しい味を作り出す。1+1=2をひとつにまとめる。足しているのに、引き算の味付けなのだ。

グリーンとイエローは同じ？

結論から言うとグリーンとイエローは同じものである。10 ～ 12 月に出荷するのがグリーン。1 ～ 4 月まで出回る完熟したものがイエローだ。グリーンは爽やかな酸味が特徴。また外国産は輸入している間に黄色に変わるので、グリーンは基本国産の証なのだ。

皮までまるっと使う

レモンは果汁だけではなく、皮も使える。様々な大きさで削り、パスタやサラダ、お菓子などに混ぜて、香りや皮の食感を楽しむことができる。その際はなるべく防腐剤や農薬が使われていないものを選ぼう。皮は長時間煮ると渋みがでるので、輪切りなどを鍋に入れる場合は少し煮たら出してしまう方がいい。

すぐ食べたい、なら白菜

とにかく「すぐに」食べたい時がある。下処理とか下茹でとか何もしたくない。疲れているのだ。とにかくすぐ食べたい、でもインスタント食は嫌なのだ。だから正確に言うと「すぐに、ちゃんと食べたい時」である。

そんな時は白菜の出番だ。面倒な処理は一切ない。切る&揉むもしくは切る&焼くで終了だ。生でもすぐ食べられるし、焼いても（火が完璧に通らなくても）美味しい。思ったより長持ちするし、和洋中なんでも合うし、保存も簡単だ。

冬のキッチンには常に白菜を常備しよう。疲れたあなたを救ってくれる日がきっと来る。

グリルに放り込む

生のシャキシャキも美味しいが、焼いて甘みを楽しむのも冬の白菜の醍醐味だ。素焼きでも十分美味しいが、葉の間にベーコンを挟み、粉チーズとオリーブオイルをかけたオーブン焼きをよく作る。くったり焼いてもいいし、食感が残るくらいでもいい。大きいまま焼いて、完成してからハサミや包丁で切るのが食べやすい。柚子胡椒や黒胡椒をかけるとお酒のアテにもぴったりだ。

塩もみで簡単サラダ

細く刻んでそのまま生でもいいが、ちょっと塩もみするとより食べやすい。白菜を切って塩を振り、しばらく放置する。もしくは洗いながら塩を揉み込む。さっぱりしたものと合わせるのが好きなので、柑橘や白ワインビネガー、こんぶ茶、生ハムなどとよく和えている。

小さな冒険はビーツから

私の中で「野菜経験値」という勝手な尺度がある。高いからいいとか低いとダメとかではない。どれくらいいろんな野菜に触れたことがあるか（興味があるか）というだけだ。ビーツはそのレベルの境目にある野菜だ。名前を知ってはいる。でも、何かのついでに不意に買う、なんてこともない。なくったって大抵の食卓は成り立つ。要は「挑戦する」野菜なのだ。店舗に来てくれたお客さんで、ビーツ未経験の人には、積極的におすすめするようにしている。知らないものに触れる、ただ

初心者はまず「茹で」から

個体差があるが、ごぼうとかぶを合わせたような味だ。苦手な人の原因のほとんどがその「土臭さ」だろう。私はそれが結構好きだが、苦手な人は茹でて小さく切り、マヨネーズと和えるのがおすすめだ。土臭さが香ばしさに変わり、コーンのような味になる。茹でる時は皮ごと、竹串が通るまで15～30分ほど茹でる。

焼く、生、ペーストで

茹でる以外にもフライパンやオーブンでローストにするのも美味しい。生食は上級者向けだ。葉や茎は厚みがあるので、きんぴらやカレーなど、しっかり火を入れる調理が向いている。茹でて余ってしまったら、ミキサーでペーストにし、冷凍している。ポタージュやベリー系と合わせたスムージーにしよう。

食べることの一歩先。日常を飛び越える小さな小さな冒険の、きっかけになれるような八百屋でいたいのだ。

茹ですぎは、及ばざるが如し

「過ぎたるは、及ばざるが如し」という諺はカリフラワーの為にあるようなものだ。茹ですぎでブヨブヨしてしまうと最悪。ならば、いっそ生で食べた方がよっぽどいい。世の中には「この野菜は茹でないと食べられない」という固定概念が多々あるようだ。しかし生でも美味しい野菜はカリフラワー以外にもたくさんある。そういう時は自分で食べてみるのが一番いい。同じ野菜でも鮮度やクオリティ、カットの大きさによっても変わるし、何よりそれぞれの好みの食感があるから一概には答えられない。「世の中のあたりまえ」を超えたところに、未だ見ぬ美味しさがまだまだ潜んでいるのだ。

茹でない、湯通しする

食感は残したいけれど青臭い香りは苦手、そんな時におすすめなのがこの湯通し。カットしたカリフラワーに熱湯をかけ、しばらく放置するだけ。表面の青臭さは消え、余熱でほんのり火が入り固めの食感に仕上がる。サラダやスープに後入れする時におすすめだ。

バラバラにして冷凍に

カリフラワーは冷凍保存も可能。好みの大きさにカットし保存袋に入れる。加熱後でも生のままでも良いが、解凍した時に水が出て少し柔らかくなってしまうので、茹でるなら固めがおすすめだ。生のままの方がより食感が残り、茹でてからの方が甘みが残りやすい。

似て(全然)非なる ふたりpart2

このふたつ、どこまでも似ている。同じ紫色、同じアブラナ科で結球タイプ、間違い探しの難易度は高いが、よく見ると全然違う。まずはサイズ。紫キャベツは通常のキャベツより小さく、トレビスはより小さい。次に色。紫キャベツの表面は全て紫色、しかも青みが強い紫色だが、トレビスは少し赤みがある紫に脈打つように白い筋が入っている。よく間違われるが、紫キャベツを見て「トレビス?」と言う人はいない。つまりまだマイナーなのだが、私のお気に入り野菜のひとつである。もし間違って買ってしまったならば、何かの縁だと思って試してみて欲しい。本当に美味しいのだから。

見た目以上に味は全く違う。紫キャベツは普通のキャベツとほぼ変わらないが、トレビスは苦いのですぐわかる。この苦味がなんとも言えないアクセントになる。また、食感も違う。紫キャベツは葉が固くしっかりしているのに比べ、トレビスは柔らかく薄い。そのため塩もみなどをする必要もなく、サラダやパスタのトッピングに、ちぎってすぐに使える。逆にしっかり火を入れる調理はあまり向かない。紫の野菜全般に言えることだが、火を入れるとその紫は落ちて、灰色になってしまい見栄えがあまりよくない。どちらも基本的には生食が向いている。

いつもの野菜も、百聞は一見にしかず

「芽キャベツってキャベツの小さいのだよね？」違います。でもその気持ち、わかります。私もずっとそう思っていたから。でも、もしキャベツの子ならあんなに小さいうちに収穫しちゃったら、農家さんたちは割に合わないでしょ？とうっすら疑問も感じてはいた。実際に見れば、一目瞭然。芽キャベツはキャベツを改良してできた、まったくの別品種。茎にできた脇芽が結球し、一つの茎に50〜60個の芽キャベツが鈴なりにできる。これなら小さくとも出荷する気にもなれる。私の心配は杞憂に終わったのだった。まだまだ知っているようで知らない世界が私たちの日常には広がっている。

下茹ででもっと美味しく

葉がぎゅうぎゅうに詰まっており、苦味もあるので基本的には下茹でをする。芯に十字に切り込みを入れてから、炒め物なら３〜４分、煮込みやシチューなら１〜２分茹でる。茹ですぎは食感がなくなるので注意。時間がない時はレンジで１〜２分加熱するのもよい。ちなみに私は芽キャベツの苦いのが好きなので、下茹でせず炒め物やオーブンでグリルにしている。

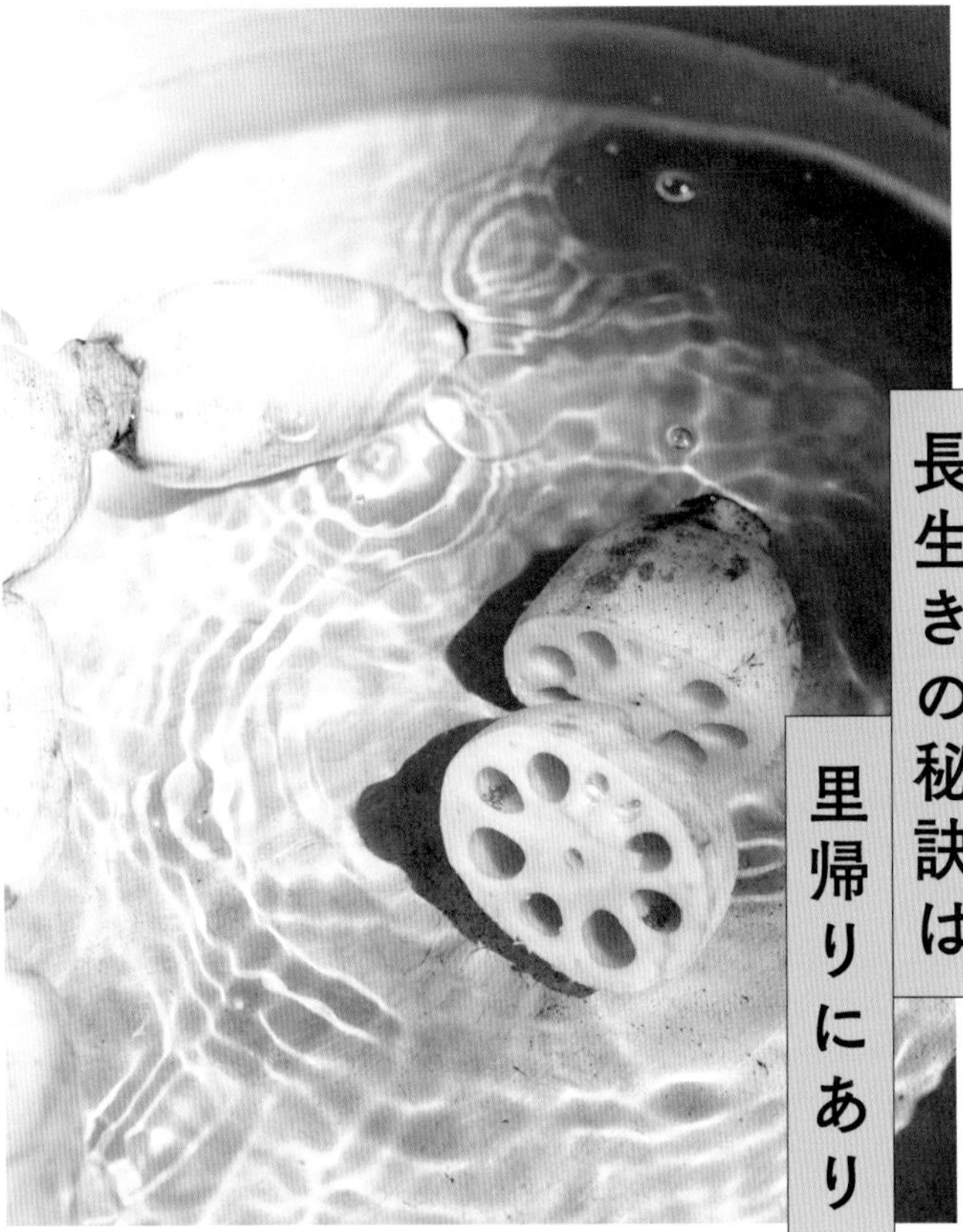

長生きの秘訣は里帰りにあり

蓮の根と書いて、レンコン。お米以外で田んぼで育てる野菜はレンコンくらいだろう。普通の畑は土が命だが、レンコンの場合は土と水がセットになって一つの畑。水を絶やさないことが必須で、最低でも週に一度は水を汲み上げる。かといって冷や水は成長を妨げるので一定の水温が保たれていなければならない。その管理が命なのだ。だから、畑を離れ遠く我々の家にやって来たあとも、同じようにしてあげよう。保存袋に水を入れて冷暗所で保管すれば、驚くほど美味しく保つことができる。誰だってそうだ。一番しっくり来る場所、元いた場所に里帰りするのが、長生きの秘訣なのである。

部位ごとに使い分け

大きな親レンコンの節から、新芽の小さいレンコンが生えてくる。そのため、部位（大きさ）によって味と食感が変わる。大きな部分は味が濃く食感もしっかり。味を染み込ませる煮物や揚げ物、ステーキに合う。反対に小さい箇所はまだ若い分、柔らかく瑞々しいため酢の物やサラダ、炒め物に合う。

下処理で使い分け

切り方やアク抜き方法によって食感が変わる。横に切ると繊維が壊れ柔らかに、縦に切れば歯ごたえが残りカリッと食感になる。厚めに切ってグリルや素揚げ、煮物にすればホクホクと、反対に薄く切るとシャキシャキとサラダや酢の物向きになる。アク抜きは水だとホクホク、酢水だとシャキシャキになる。

白ワインのお供＝菜花のお供

誰もが知る旬野菜。黄色い花が、土っぽい冬野菜の売り場に色を添え、接客も自然とテンションが上がる。「どう食べてます？」とお客さんに聞かれ、すぐに出てきたのは、あさりの酒蒸し。一緒に白ワインもおすすめした。「他には？」と聞かれ出てきたのはホタルイカとわさびマヨ和え。これも白ワインをすすめてしまった。赤ワインはなぜか頭に出てこない。ということは、白ワインに合うものを探れば、菜花と相性がいいものがたくさん見つかるのではなかろうか（そのお客さんは帰りに白ワインを買ったと後日教えてくれた）。白ワインと菜花の連立方程式は、成立するのだろうか。

　白身魚はもちろんだけれど、脂ののった鮭にも苦い菜花がよく合った。赤身魚はやはりしっくりこない。プロシュートやしらすは和えるだけでもＯＫ、そのまま混ぜてパスタにしても良い。最後にレモンを忘れずに。そしてあさりやホタテなどの二枚貝は基本的に相性よし。バターと一緒に酒蒸しorソテーで決まりだ。巻き貝や外国のムール貝系はあまり合わない。チーズは基本的には相性がいいが、フェタチーズやカッテージチーズなど水分の多いチーズはあまりだった。予想は8割当たっていた。菜花を手に入れたら、まずは白ワインのことを考えよう、自ずと買うべきものが見えてくる。

苦い・辛いはスパイス

甘い野菜はよく売れるが、苦い、辛いと売れないことが多い。「苦しい」「つらい」と読めるのがいけないのかもしれない。からし菜はその名の通り、辛く苦味もある野菜だ。確かに一般受けはしない。汎用性も高くない。けれど、スパイスだと思えば簡単だ。アクセントが欲しい時に、後から振りかけるといつもの料理を簡単に味変できる。オイル系パスタや豚バラなど脂っこいものに特によく合う。鍋の野菜に飽きた時は他の食材の旨味や甘さを、このピリリとした味が引き出してくれる。ストレスは人生のスパイス、と唱えた学者がいたけれど、料理においても同じかもしれない。

どれもだれかの故郷の味

ケールに似た野菜のカーボロネロ、別名黒キャベツ。葉の表面に水を弾くような凹凸があり、ケールより分厚く生食はちょっと固い。加熱すると柔らかく甘く、お気に入りの野菜だ。とはいえ、日本ではまだ馴染みがないうえに、ケールだと誤解されていたりする。一度、「あ！　懐かしい」と足を止めた人がいた。流暢な日本語だったがイタリア出身の人だった。イタリアでは有名で特にトスカーナ地方の郷土料理には欠かせないという。まさかこんなところで！　と彼は嬉しそうにカーボロネロを3つも買っていった。我々には馴染みがない野菜も、どこかの誰かの故郷の味なのだ。

時間の重みが香りの重み

「桃栗三年、柿八年」には実は続きがあるのをご存知だろうか。「梅はすいすい十三年、柚子は大馬鹿十八年、りんごニコニコ二十五年、女房の不作は六十年、亭主の不作はこれまた一生」なのだそうだ。昔の人はユーモアがある。にしても大馬鹿なんてひどい言いようだが、それくらい自然のゆずは育つのに時間がかかる。しかし、野菜の研究者がこんなことを言っていた。長い時間をかけてゆっくり育ったものは、生命力が強く、味も美味しいのだと。ゆずももちろん例外ではない。しかし、そんな風に育てたゆずは希少で、今はもはや幻の存在なのだ。

接木ゆずと実生ゆず

近年は国内だけでなく海外でもゆずの人気が高まっている。18 年も待ってはいられない。そのため今は接木のゆずが国内流通のほとんどを占めている。カラタチの木に接木すると 3 ～ 5 年で収穫が可能だが、台木であるカラタチの影響を少なからず受けてしまううえ、15 年程度で収穫できなくなってしまう。反対に、昔ながらの方法で接木せずに 18 年育てた「実生」のゆずは香りと味がとにかく強い。長い間かけて自然の中で育つため、木自体が強く樹齢 100 年を超えるものもあるという。もし身近に 15 年以上実をつけるゆずの木が生えていたら、とても貴重だからぜひ大切にしてほしい。

見る、野菜生活

　里芋から芽が生えていた。冬の根菜は日持ちがするからと、適当にキッチンに転がしていたのだ。なんだか捨てづらくなってしまった。いっそ育ててみようか。いや、サボテンを枯らすほど植物を育てるのが苦手だ。でもこんな環境で健気に芽を出している、この生命力なら大丈夫かもしれない。かくしてはじまった私と里芋の生活。毎朝水をあげて成長を見守った。朝起きる度、家に帰る度、様子が変わっているのが楽しみになる。夏が終わるころには、私の心配をよそにトトロの傘のような、立派な葉をつけるまでになった。食べるだけじゃない、見る野菜生活もなかなか楽しい。

芽が出ても食べられる

じゃがいもの芽は毒性があるので食べられないが、里芋の芽は問題ない。芽がついたままいつも通り調理ができる。育った里芋の茎は「ずいき」と呼ばれ、古くから郷土料理の食材として親しまれている。すぐに食べず保管する場合は、芽をとってから保管しよう。

里芋を育ててみよう

里芋の発芽には1ヶ月以上の時間がかかる。水耕でもある程度は育つ。里芋は太陽とたっぷりの水が好物。水は1日3回たっぷりあげるのがいい。プランターは深さが 30cm 以上あるものがおすすめだ。プランターの大きさによっては 1m ほどに育ち、うまくいけば秋には里芋の収穫が可能だ。

歪さが、心をつかむ時がある

「綺麗に揃ったものは、価値が高い」。これが今の常識だ。あっちを向いたり、こっちを向いたり、足が生えていたり、こういうものはスーパーには並ばない。いわゆる規格外品だ。買う側のニーズもあるけれど、農家さんも職人さんだ。綺麗にできたものを自分の「作品」として世に出したいのも当然なのである。だからある程度の規格があるのは理解はできる。

　でも、まるで足のような、タコのような、宇宙人のような人参を見つけてしまうと、思わず「かわいい！」と机に並べてしまう。そうなのだ、歪さにどうしようもなく心をつかまれる時があるのだ。

どんなに懸命に作っても、天候や様々な問題から宇宙人参ができてしまうこともある。ちなみに形だけでは味はそこまで変わらない。肝心なのは誰がどんな風に作っているかだ。普通の店では出会えないこの人参たちに出会うと、大事なことを思い出す。野菜は食べ物である前に「生き物」なのだと。わあ！　タコみたいだ！　とその人参に手を伸ばす子どもたちの目は、公園で蝶々を追いかけるその目である。もちろん商売だ、整ったものも必要だ。でも今よりもう少しだけ、もっと宇宙人参に出会う機会が増えたっていい。大事なことに、子どものように触れるのだ。

冬野菜の保存と
おすすめ調味料

冬の根菜は常温でもＯＫ。乾燥しないように袋に入れて、暖房のあたらないところで保存しよう。寒い分、甘みを蓄えた冬野菜たちはほっこり味で食べたくなるもの。そのせいか甘い白い調味料の使用頻度が高め。酒粕や白味噌など優しいとろみで体を芯から温めて。

1	2	3
4	5	

1. バルサミコ酢

渋みとこくがあり、冬の重たい野菜にピッタリ。赤ワインや醤油と煮込んだり、バターと一緒にソースにしたり。はちみつとお醤油と合わせれば、ちょっと洋風の照り焼きが完成。お肉の下味にも◎。

2. 白味噌

寒さで甘みを増した冬の根菜には、まろやかな白味噌がよく合う。汁物やシチュー、ポタージュやグラタンの隠し味に。優しい味が冷えた体を癒してくれる。余ったらお砂糖の代わりに使える。

3. 白だし

昆布や鰹などのだし、みりんも入っているから一本あれば味が決まる万能調味料。お醤油やめんつゆと違い黒い色が混ざらないので、冬の白い野菜を綺麗に仕上げてくれる。浅漬けや白和え、和え物にも活躍してくれる。

4. 酒粕

冬の定番粕汁はもちろん、シチューや汁物の隠し味に、カレーに入れればコクと旨味がアップ。白味噌のように甘さはないので、味を変えたくない時に重宝する。そのまま入れると溶けづらいので、使う前に水で伸ばしてから使う。

5. 豆乳

牛乳と違いあっさり優しい味で、シチューやグラタンに大活躍。キムチや柚子胡椒などの香辛料などとの相性もいいので、鍋のスープにもよく使う。沸かしすぎると分離するので、火を強くしすぎないように要注意。

レンコンの和風ロールキャベツ

RECIPE

1- キャベツの葉を1枚ずつ1分ほどしんなりするまで茹で、冷水につけて冷やす。

2- 玉ねぎ、レンコンは5㎜程度のみじん切りにする。山芋はすりおろす。

3- 鶏肉と**2**、**調味料A**を入れよく混ぜ合わせる。

4- キャベツを広げ、芯の硬い部分は削ぎ落とし、**3**を入れて巻いていく。

5- 鍋に**4**を敷きつめて浸るくらいの水を入れ、**調味料B**を入れて中火で煮る。沸いたら弱火にし、アクを取りながら15分ほど煮込む。

材料　2人分

鶏ひき肉 --- 150g
玉ねぎ --- ½個
レンコン --- 50g
山芋 --- 50g
キャベツ --- 4枚

調味料A

片栗粉 --- 大さじ1
塩胡椒 --- 小さじ¼
薄口醤油 --- 小さじ1

調味料B

薄口醤油 --- 大さじ1
みりん --- 大さじ1
和風顆粒だし --- 7g

POINT

キャベツの葉は芯付近に包丁で切れ目を入れ、1枚ずつむぐようにすると取りやすい。

根菜たっぷり塩もつ煮

RECIPE

1- 鍋にたっぷりの湯を沸かし、牛もつを入れ10分茹で、水でよく洗って水気を切る。

2- 鍋に牛もつを戻ししょうが、**下処理用材料**を入れ、牛もつが浸るくらいの水を加えて中火で熱する。煮立ったらアクを取り、柔らかくなるまで弱火で30分ほど茹でる。

3- 大根と人参をいちょう切りにする。こんにゃくは食べやすい大きさに切り、下茹でしておく。ごぼうは水で洗い、皮ごとささがきにして、水にさらしアクをぬいておく。

4- 下処理したもつと野菜を鍋に入れ、**調味料A**と具材が浸るくらいの水を入れ味が染み込むまで20分ほど弱火で煮る。水が減ったら都度足す。

5- 好みの柔らかさになったら、おろししょうがをお好みで入れる。

POINT

材料の大きさによって煮込み時間は変わる。早く仕上げたいときは材料を小さめに。

材料　2人分

牛もつ --- 200g
人参 --- ½本
ごぼう --- ½本
大根 --- 200g
こんにゃく --- 100g
しょうが --- 適量

下処理用材料

ネギの青い部分 --- 1本分
しょうが --- 1片

味付け用

白だし --- 100mℓ
酒 --- 100mℓ
水 --- 適量

カリフラワーのグリル

RECIPE

1- カリフラワーを半分に切り、2cmの厚みにスライスする。マッシュルームは薄切りに、トレビスは洗って水を切り、食べやすい大きさにちぎる。

2- フライパンにオリーブオイルをひき中火にかける。温まったらカリフラワーを入れ、片面3～4分ほど焼く。反対の面も同じように焼く。

3- グリルしたカリフラワーを皿に盛り付け、マッシュルームとトレビスをちらす。

4- ドレッシングの材料を合わせ、よくかき混ぜて上からかける。

5- 直接チーズを削りかけ、黒胡椒とハーブ塩を振る。

材料　2人分

カリフラワー --- 小さめ1/2個
トレビス --- 2、3枚
マッシュルーム --- 2、3個
オリーブオイル --- 適量
パルメザンチーズ --- 適量
ハーブ塩 --- 適量
黒胡椒 --- 適量

ドレッシング

マヨネーズ --- 大さじ1
牛乳 --- 大さじ1
おろしにんにく --- ひとつまみ

POINT

カリフラワーの焼き加減はお好みで。すこし噛み応えがあるくらいが美味しい。

酒粕と菜花のクラムチャウダー

RECIPE

1- 鮭はトースターやフライパンで焼き、食べやすい大きさにほぐす。

2- 材料Aを鍋に入れ熱し、貝が開いたらアクをとり火を止め、あさりを取り出す。

3- フライパンにバターを入れ、皮をむき1.5cm角に切った玉ねぎ、じゃがいも、人参を弱火で炒める。野菜に火が通ったら小麦粉をまぶし混ぜ合わせ、火を止める。

4- 2の鍋を弱火にかけ、3を入れ混ぜ合わせたら、豆乳を少しずつ入れ、馴染んだら水でといた酒粕と塩を入れ弱火で煮る。

5- 5cm幅に切った菜花を入れ2分ほど熱し、あさりの身と鮭をのせる。

POINT

きのこやごぼう、里芋も美味しい。豆乳は沸騰すると分離するので常に弱火で。

材料 2人分

材料A

- あさり（砂抜き後）--- 100g
- 水 --- 200mℓ
- 酒 --- 大さじ2

鮭 --- 1切れ

菜花 --- 100g

玉ねぎ --- ½個

じゃがいも --- ½個

人参 --- ½個

バター --- 20g

塩 --- 小さじ½

小麦粉 --- 大さじ1

調製豆乳 --- 250mℓ

酒粕 --- 50g

（お湯100mℓでほぐしておく）

ケールとビーツのサラダ

RECIPE

1- 漬け込み用Aに鶏肉を30分以上漬けておく。ビーツは沸騰したお湯で竹串が通るまで皮ごと茹で、粗熱をとったら皮をむき、2㎝角に切る。りんごも同じサイズに切る。

2- フライパンに油（分量外）を熱し、鶏肉を片面６分ずつ、両面を焼き中までしっかり火を通す（オーブンの場合は200℃で20分）。鶏肉を2㎝角に切り、フライパンの肉汁は取っておく。

3- **2**とビーツとりんご、一口大に切ったケールをボウルに入れ、**2**の肉汁をかけて混ぜ合わせる。

4- 粗みじん切りしたナッツとドライフルーツを加える。レモンを絞り、ハーブソルトと黒胡椒で味を調える。

材料　2人分

ビーツ --- 150g
鶏もも肉 --- 250g
ケール --- ２枚
りんご --- ½個
ドライフルーツ --- 40g
ハーブソルト、黒胡椒 --- 適量
ミックスナッツ --- 15g
レモン --- ⅛カット

肉の漬け込み用A

バルサミコ酢 --- 大さじ1と½
オリーブオイル --- 大さじ1と½
塩 --- 小さじ½

POINT

ケールを炒めたカーボロネロに変えればもっと甘みが強くコクのある味に。

里芋と春菊の白味噌グラタン風

RECIPE

1- 里芋を洗い、皮をむき1口大に切る。春菊は5cm幅に切る。

2- 里芋と**A**を鍋に入れかき混ぜながら、とろみが出るまで10分ほど弱火で煮る。

3- 耐熱容器に**2**と春菊を入れ、一番上にピザ用チーズをまんべんなくのせる。

4- トースターに入れ200度で15分を目安に、チーズに焦げ目がつくまで焼く。

材料　21cm×15cmの耐熱皿分

里芋 --- 500g

春菊 --- 400g

ピザ用チーズ --- 100g

グラタンソースA

白味噌 --- 大さじ1

マヨネーズ --- 大さじ1

豆乳 --- 200mℓ

和風顆粒だし --- 小さじ1

POINT

和風顆粒だしはコンソメに変えてもOK。おかずっぽくしたいなら、ベーコンやひき肉をお好みで追加して。

冬の根菜巻きのバルサミコ風味

RECIPE

1- ごぼうは皮をたわしで洗い、長さ8cm切り、縦に六等分し、水につけてアクを抜く。人参は皮をむき、ごぼうと同じサイズに切る。里芋は皮をむき、3cm程の厚みに縦に切る。

2- **1**にそれぞれ豚肉を巻き、塩胡椒を軽く振り、全体に小麦粉をまぶす。

3- フライパンに油を熱し、巻いた肉の全面に焼き色がつくまでよく焼く

4- **調味料A**を入れ、落とし蓋をし、弱火で30分煮込む。途中で向きを変えて均等に火が入るようにする。

材料　2人分
ごぼう --- ⅓本
人参 --- ½本
里芋（大きめ） --- 2個
豚バラ薄切り --- 200g
小麦粉 --- 適量
塩胡椒 --- 適量
調味料A
醤油 --- 大さじ2
バルサミコ酢 --- 50mℓ
はちみつ --- 大さじ2
赤ワイン --- 200mℓ

POINT

落とし蓋がない時は、クッキングシートやお皿で代用できる。

砂肝とブロッコリーのアーリオ・オーリオ

RECIPE

1- 砂肝は真ん中の割れ目に沿ってカットし、ふたつに分ける。ボウルに入れ塩麹を揉み込み10分ほど置く。

2- ブロッコリーは芯と蕾にわけ、蕾は一口大、芯は皮をむいて1㎝の厚みの短冊切りにする。

3- にんにくを包丁の腹で潰し、油を熱したフライパンで唐辛子、ローズマリーと炒め香りを出す。香りがうつったらローズマリーは取り出す。

4- 水分を切った砂肝を入れ強火で炒める。表面の色が変わったら、ブロッコリーを入れ好みの柔らかさになるまで炒める。

5- 黒胡椒をたっぷりと振り、レモンを添える。

材料　2人分

ブロッコリー --- 1個
砂肝 --- 200g
にんにく --- 1片
唐辛子 --- 1本
ローズマリー --- 1本
レモン --- ⅙カット
塩麹 --- 大さじ2
黒胡椒 --- 適量

POINT

砂肝の表面に包丁で4～5本切り込みを入れれば、より柔らかな食感に。

大きなSDGsより、小さな思いやり

――ロス野菜は本当にロスなのか

自分のことで恐縮だが、私の誕生日は4月22日アースデイだ。まだSDGsなんて言葉がなかった子どもの頃、環境問題に強い関心があった母に誕生日に多摩川のごみ拾いをするアースデイのイベントに連れていかれたのが、記憶に残っている（たった一回なのに！と母は不服そうである）。子どもながらに感じたのは、環境問題はまだ一部の人たちだけの活動で、なんなら「ちょっとうるさいな」とか「恥ずかしいな」という声すら聞こえ、今のように大々的に語られるような雰囲気はなかった。環境問題がメジャーになる、このこと自体は本当に素晴らしいことだと思っている。

産直八百屋などと謳っていると、野菜や農業に関するいろんなお誘いや相談をいただく機会がある。その多くが「ロス野菜」に関するものである。ロス野菜とは多くの場合は、何かしらの理由があって「出荷されなかった野菜」のことを指しているらしい。やってくるのは、20代前半の若い子たちもいれば、仕事を別に持っている人もいる。みんな農業の行く末を心配し「何かできたら」と真剣に思ってくれている人ばかりだ。そのほとんどは１００％善意で、優しい世界なのである。

しかし、だ。自分が八百屋を何年かやってみて「ロス野菜」についての考え方が１８０度変わってしまった。実は一番「ロスしている」のは野菜ではなく「農家さんの時間」なのだ。

もちろん、出荷のハードルを無駄にあげるような、過度に厳しい規格については、見直されるべきところがあると私も思う。しかし、収穫されないものの中には農家さんが「収穫しない方がいい」と判断したものたちもあるのだ。例えば、写真のレモンは大寒波で傷んでしまったレモンと通常のレモンだ。半分に切っているので一目瞭然だが、出荷時はそうはいかない。一つ一つを手にとってその重さを確かめる。熟練の技が必要だし、それでも相当時間がかかるため、ではもう全て廃棄しましょう、となる。全廃棄なんて聞くとつい「もったいないのでそれ買取りますよ！」と言いたくなるが、それにかける「時間」が一番もったいないのだ。そこに人手をかけるくらいなら、次の旬の野菜の世話や販売をするか、いっそ休んで家族とゆっくり過ごしてもらった方がいいのだ。

世の中に広まるSDGsのイメージと当事者たちのリアルが、かけ離れていることが実はある。もったいない、環境に悪い「ロス野菜」という言葉が一人歩きしている。だいたい、植物（野菜）を育てて最後は土に埋める（廃棄する）のだから既に十分SDGsだ。確かに、ぱっと見はもったいないのだけれど。だいたいそれは当事者たち（農家さんも心配する人も）は言い出しっぺではなくて、残念ながら世に溢れる広告&商業的SDGsの作り出したイメージだったりするのだ。

知らないところから降って来た大きなスローガンが正しいとは限らない。だから、SDGsなんて壮大なものではなく、知り合いが困っていた時のように、その人が何をして欲しいのか考え、直接聞いてみる。目の前の小さなリアルなものを我々は大切にするべきなのだ。私たちの世界は、私たちの目の前にあるものでできている。

八百屋のショップリスト
——いい野菜、どこで買う？

1　マルシェイベント
駅前や公園、最近はいろんなところで開催されている。生産者さんが直接販売することが多いので、鮮度も良い。そして何より作っている人と直接会えるのがその良さである。このような場所に出店する農家さんは基本的には個人や小規模で、旬のものを露地栽培で作っていることが多いため、いつでも旬のものが一目瞭然だ。

2　農家さんから直接購入
忙しくて買い物にいけない、でもいい野菜が欲しい！　そんな人におすすめなのが農家さん直送便。旬の野菜が産地直送で送られてくる。使いきれるかな、と心配になるだろうが、大丈夫。農家直送なら基本的に鮮度は抜群、何日か置いていても問題はない。下手したらスーパーでその日に買ったものより、何日かたった産地直送の野菜たちの方が元気かもしれない。

3　個人のこだわり八百屋
うちの店もこの部類に入る。スーパーや大きな店と違うのは、店主の好みが強く反映されていることが多い点だ。同じ野菜でも、どこの、どんなものを、いつ入荷するかなどでその味は大きく変わる。売りにしているのは、量や価格ではなくそのセレクトだ。その店のコンセプトが自分と合えば、高確率で好みの野菜に会えるようになるだろう。

4　農協の直売所
各地にある農協の直売所。生産者が毎朝納品するため鮮度も良い。地元で育った野菜が確実に欲しいなら直売所が一番だ。また、さすがＪＡだけあって品数も多い。全国各地にあり、一目でその土地の推し野菜がわかるので、地方に行った際は訪れるようにしている。都心の直売所はたいてい午前中でほとんど売り切れてしまうので、朝一で行くのがおすすめだ。

5　スーパーの産地直送コーナー

最近大手スーパーによくある産地直送コーナー。スーパーに行ったらまずここから野菜を見るようにしている。農家さんが出荷するものやその価格を決められ、道の駅のようである。たまに有機栽培や珍しい野菜がまぎれ込んでいるのが楽しい。うちで取り扱っている農家さんの野菜を見つけることもある。

6　フリマサイト

野菜の芽から、さつまいも10kgのまとめ買いまで、実にたくさんのものが出品されている。個人の家庭菜園もあれば、農家さんが秀品から規格外まで販売している場合もある。ピンポイントで欲しいものがある時や、珍しいものを探している時におすすめ。だが、匿名の出品者も多く、栽培方法や産地の裏付けはないため、自分の判断次第になるので要注意だ。

あとがき ――八百屋からのお手紙――

　高校生の頃、洋楽や洋画、海外ドラマと欧米のカルチャーに夢中だった。中でもお気に入りだったのが、グラミー賞やアカデミー賞などの授賞式だ。レッドカーペットにハイブランドのドレス、美男美女が年一番のいでたちで集まる華やかな世界。高校生の心を掴むには十分すぎるが、私の心を掴んだのはそこではなく、受賞者たちのスピーチだった。

「この賞を〇〇に捧げます。」壇上の受賞者のスピーチはみなこの言葉ではじまった。自分のチームへの感謝の言葉を連ね、会場にいるであろうその人たちに、幸せそうにトロフィーを掲げていた。いいな、と思った。女優や歌手になりたいのではもちろんない。好きなものを、好きな人たちと創り、みんなで喜び合える場がある。そんな状態に強烈に憧れた。でもその頃の私には、感謝すべき相手は家族と先生1人くらい。したいことも、できることも特になかった。その憧れにはちっとも現実味はなかったが、その後もぼんやりと私の中に残り続けた。そして時はたち、いろいろあったのち、大きくなった私は八百屋になっていた。

「どんな八百屋にしたいか」から店をはじめた。何をするもしないも、大人になった私は好きなだけ自由に決められた。しかしそのうち「どんな八百屋であるべきか」を考えるようになった。八百屋としての農家さんへの一番の貢献は「買う」こと。でもうちの店は小さく、仕入れ量では貢献できない。どの農家さんも、雨の日も、とけるように暑い日も畑に出て、そのあとは出荷作業が待っている。それを私は好きな量で仕入れ、売って、食べて、教えてもらって、楽しんで。してもらってばかりだ、と思った。

「自分の野菜がどうだったか知りたい」。ある日、どの農家さんも同じことを言うと知った。どんなに大切に作っても出荷してしまった先はわからない。その野菜が売れたのか、どんな人が買っていき、そしてその人はどう思ったのか、知る由がない。お客さんもそうだ。キャベツはただのキャベツでしかない。誰のどこのどんなものなのか、量販店じゃわからない。じゃあ私が伝えよう、そう思った。伝書鳩のような、八百屋。しかも、どうせなら面白い伝書鳩になりたい。

日々、野菜について触れた全てを、なるべく人に話したり、ＳＮＳに投稿したりするようにした。美味しかったもの、わからないもの、驚いたもの、自分なりの食べ方、お客さんのリアクション、感動したもの。私の携帯のフォルダは野菜たちの写真であふれ、農家さんとＬＩＮＥをするのが日課になり、お客さんはまるで喫茶店に来たみたいに、いろんなことを一通り話してから帰っていくようになった。

いつしか、うちの店から「ただのキャベツ」は消え、それは「誰かのキャベツ」になった。あの農家さん自慢のキャベツであり、あのお客さんのポトフになったキャベツであり、うち店の大切なキャベツになったのだ。

「情報発信」ではなく「私信的やりとり」。それを、お客さん、農家さん、関わってくれる人が喜んでくれる、こんな喜びはない。その積み重ねが、こうして書籍になった。

今私がやっていることが「八百屋として正しい形」なのかは、わからない。なにもかも、もっと上手な方法もきっとあるのだろうと思う。けれど美しい野菜に囲まれ、その話を伝えるべきお客さんがいて、美味しく食べて、幸せに暮らしている。そして今、そんな野菜たちの本のあとがきを書いている。なんの賞もドレスもレッドカーペットもない、いや、いらない。目の前にあるのは、カゴいっぱいの真っ赤なトマトたち。でも10代の頃の憧れが叶う、今こそ絶好の機会だ。

私を幸せな八百屋にしてくれたみなさまへ。心からの感謝をこめて、この本を捧げます。

2023年秋　イエローページセタガヤ　尾辻あやの

Special Thanks

—

株式会社 Farmers Agency
伊藤農園
富岡農園
ROOSTER
DORO
0site
有機農園けのひ
やさし菜農園 Tanizaki
株式会社ホールアース農場
Farm SKN
原秀吉農園
井上農園
Chill Out Farm
citrusfarms たてみち屋
苅部農園
そらまめ農園
農園ベジーネ
アグリユウベ
53 ファーム
宮澤きのこ園
奥美濃マッシェ
楽れんこん農園〜大人のどろあそび〜
Nature-falo
solsfarm
藤原みそこうじ店
高島絵里
野菜パンの店 ド・ドウ
西川幸希
榊かおる
田村友香
鮨まさのみなさま
OLEA
三軒茶屋珈琲 red-clover
森澤真佑子
イエローページセタガヤの
お客様のみなさま

参考文献

—

藤井雅人『仲卸人が教える　本当においしい野菜・果物の見分け方』幻冬舎
徳岡邦夫　西村和雄『おいしい野菜の見分け方』バジリコ
板木利隆『からだにおいしい　野菜の便利帳』高橋書店

尾辻《おつじ》あやの

ケータリング事業を経て、山梨県北杜市へたまたま訪れたことをきっかけに、有機栽培の農家さんたちと出会い野菜の面白さを知る。2020年に昼は八百屋、夜は居酒屋のイエローページセタガヤを世田谷区にオープン。
Instagram @ypsetagaya

◇◇◇◇◇◇◇◇◇◇◇◇◇◇◇◇

八百屋《やおや》の野菜《やさい》採集記《さいしゅうき》

「見《み》る・知《し》る・食《た》べる」で楽《たの》しむ旬野菜《しゅんやさい》とレシピ

2023年11月5日　第1刷発行

著者　尾辻《おつじ》あやの
発行者　佐藤　靖
発行所　大和《だいわ》書房
東京都文京区関口1－33－4
電話番号　03－3203－4511

写真　表萌々花
スタイリング　尾辻あやの
デザイン　千葉佳子（kasi）
校正　メイ
印刷　歩プロセス
製本　ナショナル製本

ISBN978-4-479-92167-7

https://www.daiwashobo.co.jp/